CIRUGIA DE CASAS

Arq. Rodolfo Livingston. Foto: Tito La Penna.

RODOLFO LIVINGSTON

CIRUGIA DE CASAS

Kliczkowski

Rodolfo Livingston
clientes@estudiolivingston.com.ar
www.estudiolivingston.com.ar

Dirección de arte:
Haydée Barrionuevo

Diseño de tapa:
Sobre una fotografía de Rodolfo Livingston, ilustró
Ezequiel Cazalla

Fotografías:
Rodolfo Livingston

Hecho el depósito que marca la ley 11.723
Impreso en Argentina / Printed in Argentina

La reproducción total o parcial de este libro, en cualquier forma que sea, idéntica o modificada, no autorizada por los editores, viola derechos reservados; cualquier utilización debe ser previamente solicitada.

© 1990 Librería Técnica CP67 S.A.
© 2002 Kliczkowski

ISBN: 950-9575-30-5

1ª edición junio 1990
2ª edición octubre 1990
3ª edición marzo 1991
4ª edición noviembre 1991
5ª edición julio 1992
6ª edición agosto 1993
7ª edición junio 1995
8ª edición septiembre 1996
9ª edición abril 1998
10ª edición noviembre 1999
11ª edición junio 2002
12ª edición mayo 2004
13ª edición mayo 2006
14ª edición octubre 2007
15ª edición noviembre 2009

Impreso en Producciones Gráficas S.A.
Venezuela 884 Buenos Aires Argentina

Venta en:
LIBRERIA TECNICA CP67
Florida 683 Local 18 C1005AAM Buenos Aires Argentina
Tel: 54 11 4314-6303 Fax: 4314-7135 E-mail: cp67@cp67.com / www.cp67.com

FADU - Ciudad Universitaria
Pabellón 3 Planta Baja C1428EHA Buenos Aires Argentina
Tel: 54 11 4786-7244

Indice

	Pág.
Prólogo de la 2da edición: Orlando Barone	11
Prólogo: Martha Berlín	13
Cirugía de casas	15
Las modistas, mis colegas	31
La cuestión de la cocina	41
La casa es grande... pero el corazón es chico	49
Faltan techos, sobran paredes	57
Los grandes desinventos de este mundo	77
La rusticidad perdida	83
La muerte del Living-Room	87
Las modas pasan... las casas quedan	97
La casa de Tato	101
El colegio de Juan	109
El cliente vivo	113
Las reformas: ladrillos, sudor y lágrimas	143
¿Quién le teme al maestro mayor de obra?	147
Los porteños y el color	151
La arquitectura como servicio	153
Arquitectura cáscara contra arquitectura objeto	157
Zapatero a tus zapatos	165
Arquitectura y transgresión	169
¡A Baracoa me voy, aunque no haya carretera!	179

Celebrando la quinceava edición

A 19 años de la publicación inicial de éste, mi primer libro, deseo saludar a mis nuevos lectores, colegas, estudiantes y clientes potenciales de buenos arquitectos.

Saludo también a mi editor, Guillermo Kliczkowski, con quien jamás firmé un contrato y, ante el asombro de otros escritores, me sigue pagando regularmente los derechos de autor.

Dedico especialmente esta edición a mi querida mujer, la arquitecta Nidia Marinaro a quien amo y admiro cada día más desde el 26 de noviembre de 1996 en adelante.

El autor
Buenos Aires, octubre de 2007

Prólogo de la 2da. edición

Palabras pronunciadas por el periodista y escritor Orlando Barone, durante la presentación de la 1ra. edición

Recibí el libro Cirugía de Casas con esta dedicatoria: "Para Orlando Barone, mi amigo, maestro periodístico, ex cliente y compañero de risas y de humor en este viaje de cien vueltas alrededor del sol, en la nave que tanto disfrutamos".

A pesar de eso, quiero aclararles, nuestra relación es platónica. Aristóteles decía que la amistad es un alma en dos cuerpos. Creo, no es para tanto. Además ni Livingston ni yo, a esta altura, nos sentiríamos cómodos metidos por mitades en el cuerpo de otro, por más intangible que sea el alma.

Lo cierto es que somos amigos. Me tranquiliza el saber que tiene otros amigos, así que no soy el único: Livingston según se mire es demasiado para un amigo solo. A veces, pienso, es demasiado para él mismo. Ese es su encanto; su desborde, habiendo tanta personita mezquina.

Por mi parte les voy a confesar algo: mi amistad es interesada, no desinteresada.

Lo que me une a Rodolfo es el puro interés.

Me interesan su inteligencia, su ingenio, su creatividad y su imaginario. Me interesan su coraje civil y sus principios morales; y su sagacidad y su lealtad y su vocación profesional y su estilo original e incopiable. Sé que todo esto que digo está en el libro Cirugía de Casas. "Esta obra —diría un crítico— viene a llenar un vacío..."

Mentiras: esta obra no viene a llenar nada. Viene a vaciar lo que está lleno de nada. Es decir, lleno de arquitectura del vacío. De casas y de arquitectos sin personas, como si no pudieran salirse de los planos y proyectos y encarnarse en la vida.

Este es un libro feliz. Aunque su autor esté dolido por ideas muy profundas expresamente pasadas por la aparente superficialidad para no crear el pánico.

Es el libro de un arquitecto que eligió pasarse al bando de las víctimas y desde allí defenderlas de los vicios de la fatuidad y la soberbia, de la estupidez y el elitismo.

Livingston, que se enorgullece de ser arquitecto, sabe que el título es una limitación apenas uno se mete con la vida.

El es escritor, periodista, comunicador y maestro. Es un observador de la ciudad, de la gente, de los subsecretarios y políticos. Su mayor placer es descubrir petimetres y hacerles pasar vergüenza pública. Hay funcionarios que al oir su nombre se santiguan.

Alguna vez fue "ambientador de bulines". Decorador de "cotorros".

Les ponía de todo: colchones, chaise longe, luces tenues, moquette púrpura. Si lo apuraban hasta daba consejos como María Luisa Lerer. En el amor teórico o carnal, siempre ha sido socialista y solidario.

Alguna vez fue también millonario. De esos de verdad, que tenían chofer, cocinera y ama de llaves.

Por eso tiene ese aura invencible del que tuvo y no tiene. Y al contrario de los que en su afán de ser ricos se vuelven personas miserables, él se mejora cada día sobre su persona sin importarle su bolsillo.

El espejo en que se mira Rodolfo no refleja el dinero. Mientras él juega a discutir acerca del mundo otros se la pasan en los bancos.

Ahora acaba de publicar su primer libro. "Su primer libro escrito", porque en forma oral tiene la más larga biblioteca del mundo.

Ese es su éxito: páginas que expresan un espíritu inteligente. El haber escrito algo que antes no había sido escrito por ningún arquitecto. Dice el italiano Moravia que es más difícil no envidiar a un amigo feliz que ser generoso con un amigo en desgracia.

Los que estamos aquí no le hacemos caso: somos felices.

Prólogo

Lo primero que sentí cuando terminé de leer este libro, fue un enorme deseo de rebautizarlo. Lo llamaría: COMO DEFENDERSE DE LOS MALOS ARQUITECTOS. Porque es ante todo un libro didáctico. Enseña un montón de cosas buenas respecto del espacio, propio y ajeno, en el sentido textual de la palabra. Si lo hubiera leído antes de refaccionar mi casa, me habría evitado un principio de úlcera, enfermedad iatrogénica contraída por el mal trato a que me sometió el "profesional" a cargo. Desde ahí, como usuaria, aplaudo y agradezco la aparición de este libro; ya se sabe que a los malos trabajadores los manda el diablo y los acepta nuestra ignorancia.

Continuando con el tema de los títulos, es evidente que Livingston es un arquitecto *Clínico;* del latín clinicus, que significa: Curador que atiende a su cliente cara a cara. Clínico es también quien reconoce al ser humano, no sólo como un generador de trabajo y dinero; es el que sabe aconsejar sobre la vivienda en un centro urbano o en la Pampa de Achala. Aquel que no se ata a escuelas o teorías, modas y diseños sino a las necesidades del cotidiano vivir. La verdadera clínica usa el conocimiento en una síntesis tal, que es parte intrínseca de la personalidad del profesional.

Livingston dice: El comportamiento humano, esencia de la arquitectura, no se compone de medidas sino de ceremonias que ocupan un espacio físico y un espacio psicológico, y de esas ceremonias está hecha la vida.

Esta frase lo coloca en el lugar de un *Maestro*, porque se ofrece como figura de identificación a sus alumnos, a la vez conlleva una visión de la vida que se expresa en una Ideología, porque teoriza a partir de su experiencia, hecho que el autor declara numerosas veces, colocándolo en el marco de un sujeto Etico, cualidad tan perdida y tan necesaria en la actualidad.

La ética se ha definido como la investigación sobre lo bueno, lo útil y lo valioso para la conducta del hombre. El lo subraya diciendo: Usemos la claridad como sinónimo de sencillez, no hagamos de la arquitectura una gramática llena de floripondios, sino de sentido común.

Ya lo anunció Gorki, la Etica será la Estética del porvenir. Mi abuelo también hablaba de gente con "ética en su conducta", quería decir personas en las que se podía confiar profesionalmente y además con bondad suficiente para contener al cliente y sus crisis. Livingston dice que la arquitectura es la sabia ubicación de los límites; concuerdo, porque es además uno de los postulados de la salud mental: ayudar a que la gente encuentre con goce su espacio propio, espacio de nuestras posibilidades reales, sin falsas metas, oropeles o monumentalismos que sólo responden a la mentira social

Por último y por si fuera poco, Livingston enseña a motivar y estimular la comunicación familiar frente a este hecho maravilloso que es pensar nuestras casas; es desde esa instancia donde su ideología se constituye en una verdadera psicología social de la arquitectura, mostrando que lo interdisciplinario, bien aplicado, suma y no resta.

Martha Berlín
Otoño 1990

Cirugía de casas

El año pasado, al cumplir veinte años de ejercicio profesional, cumplí diez años de especialización en reformas y equipamiento. Esta especialidad —"operar y rehabilitar" viviendas y oficinas— fue surgiendo en mí poco a poco, involuntariamente, quizás provocada por la implacable realidad, que acusa estadísticas elocuentes. En la Argentina, entre el 60% y el 70% de las viviendas se reforman una o más veces durante su vida útil. Esto significa un enorme caudal de energía constructiva, de dinero y de tiempo. Un caudal que existe y seguirá existiendo paralelamente al que se dedica a la construcción de obras nuevas.

Si en estas últimas la intervención de los arquitectos es mucha menos de lo deseable, en el campo de las reformas es prácticamente inexistente. ¿A qué familia de la clase media se le ocurre consultar a un arquitecto para mejorar o ampliar su casa? Un superficial estudio de los resultados de este hecho arroja una gran cantidad de errores, de dinero malgastado, de tiempo perdido, de ilusiones frustradas. Errores, tiempo, dinero y frustraciones que podrían haberse ahorrado, la mayoría de las veces, con una sola hora de consulta a un arquitecto.

Los errores más frecuentes pertenecen al campo del proyecto; le sigue la compra de muebles, objetos o materiales desproporcionadamente costosos que, en general, impiden la terminación del equipamiento.

Es que el mejoramiento estético se piensa solamente a través de los objetos y nunca a partir de un reordenamiento general que comprenda también los espacios vacíos. "La idea" o "el planito" se considera un apéndice. Tanto, que muchas casas de decoración lo entregan gratuitamente al comprador de objetos.

En el mercado inmobiliario se observa el mismo fenómeno: herrajes, cerámicos o los consabidos "azulejos hasta el techo" son las supuestas virtudes que suelen reemplazar a una organización espacial apenas correcta.

El concepto es que —en el caso de las reformas—, el servicio que puede prestar un arquitecto es demasiado amplio, o desproporcionado, con respecto a las necesidades reales. Y, por lo tanto, muy costoso. Pero, por su parte, los arquitectos en general tampoco están preparados para ofrecer un servicio ágil de consulta e información. Las causas son varias.

Ante todo, en la Facultad se los prepara para ser nada menos que artífices de un mundo nuevo. ¿Qué menos que la planificación de una ciudad modelo puede merecer un joven arquitecto recién recibido?

Los ejercicios, los temas de los trabajos prácticos y el clima general de la Facultad hacen creer a los estudiantes que el mundo está esperando sus servicios para convertirse en un lugar mejor, espacialmente óptimo, funcionalmente perfecto.

Entre las 35.000 fotografías con que cuenta la diapoteca de la FAU, donde figuran las más remotas iglesias polacas, templos hindúes y primeros planos de patas de leones asirios, no pueden encontrarse fotos de muebles ni de ambientaciones contemporáneas; en fin, de casas de verdad y del lado de adentro. El capítulo muebles o equipamiento interior es pobrísimo. Los profesores no suelen dar como tema una reforma o un equipamiento. Todo es antiguo, y lo moderno es olímpico y aséptico: Mies Van der Rohe, Gropius, Wright, o a lo sumo algún helado interior argentino, no más acá de la década del 30: Amancio Williams, un hall del Automóvil Club, algunas fachadas de Wladimiro Acosta.

Ante los primeros trabajos reales, el arquitecto estrena su título con lo que suele ser un duro cachetazo de la realidad. El tema no es una ciudad climatizada bajo una cúpula traslúcida. El tema es un cuarto más para el bebé que está por nacer. O peor aún, la ampliación de un bañito en una casa de suburbios. Porque la realidad son las familias que crecen y los bañitos que quedan chicos.

El arquitecto tarda cierto tiempo en resignarse. Es duro ubicarse en una realidad que da lugar a unos pocos para hacer torres para otros pocos.

Sin embargo, ese resignado adaptarse deja una secuela: los arquitectos hacen sus pequeños trabajos pero con vergüenza. Sienten que están preparados para algo más trascendente. Algo que nunca les ocurrirá, que les ocurre siempre a los demás.

Ultimamente, he hecho una pequeña estadística personal. Cada vez que me encuentro con un colega y surge la inevitable pregunta "¿Qué estás haciendo?", contesto simplemente "reformas...".

La expresión que recibo en respuesta no puede ser más elocuente. Los sentimientos más notables pasan por la cara que tengo enfrente: primero sorpresa; después cierta piedad y finalmente la comprensiva superioridad de quien fue hecho para fines más sublimes. Sin embargo, en esta apasionante "medicina de casas" que practico, he encontrado más placer y un más excitante ejercicio de la creatividad que en las obras mastodónticas que en otra época me ha tocado proyectar.

En lugar de buscar la manera más conveniente de poner cuartos, baños y cocinas en pocos metros cuadrados, en lugar de repetir el esquema hacia arriba durante veinte pisos, pienso en la manera más racional de mejorar la vida de tres o cuatro personas dentro de un englobante espacial que ya existe. En lugar de partir del esquema ideal que propone la Facultad (un espacio vacío esperando ser llenado con paredes y techos), parto de un embrollado sistema de circulaciones erradas, de divisiones sobrantes, de lugares muertos, y trato de convertir el todo en una casa inteligente, donde la vida sea sencillamente mucho más agradable. Volviendo al ejemplo de la medicina: mi objetivo no es descubrir la vacuna contra el cáncer. Uso mi experiencia y mi imaginación en curar mejor que nadie las fracturas, los cólicos, el dolor de garganta.

Y como son muchos más los engripados que los cancerosos, mi profesión me depara satisfacciones más frecuentes y directas. No trato con el inversor único de una gran torre. Trato con infinitas señoras, con muchísimos chicos, con padres de familia que son, en definitiva, quienes viven en las casas.

Y eso —además de una clientela constante— me proporciona el placer de vivir de cerca el resultado de mi trabajo. Soy una especie de médico de pueblo de la arquitectura, un médico-arquitecto que va a domicilio, con la ventaja de que, a diferencia de los verdaderos médicos, y salvando una olvidable excepción, hasta ahora no me han sacado de la cama a la madrugada para atender un caso de urgencia.

Los problemas fundamentales de la arquitectura son sin duda la vida en las grandes ciudades, la vivienda para las mayorías, prevenir y organizar espacialmente lo que ocurrirá del año 2000 en adelante. Pero mientras tanto, el nene se tragó un botón y las casas se reforman. Y los arquitectos, o por lo menos algunos, debemos tener respuestas.

Si no es así, las mayorías nunca tendrán de nosotros el claro concepto que tienen de un médico o un abogado. Seguiremos siendo una especie de dioses sin fieles, instalados en un aburrido Olimpo de utopías.

El sistema está pensado para obras nuevas, no para reformas

La siguiente es la secuencia habitual en la relación "Cliente-Arquitecto" en los casos de reformas.

1er. acto. El cliente, por teléfono.
—Hola, arquitecto... mire, lo llamaba porque queremos agregar un dormitorio más en la casa y...(etc, etc),. En fin, tendría que ver la casa, claro...¿cuándo se podría dar una vueltita por acá...? ¿Qué día tiene libre...? ¿El sábado? ¡Bueno, lo esperamos!".

2do. acto. Cliente y arquitecto recorren juntos la casa. Se va mezclando la observación del sitio con "ideas", con la ineludible consulta sobre la mancha de humedad, la elección de colores y el defecto del aire acondicionado que hace gli gli gli ("digo yo... ¿será el ventilador?"). Porque a continuación de la frase "Usted que es arquitecto..." puede venir cualquier pregunta, desde el goteo de una canilla, pasando por el "¿qué es mejor, calefón o termotanque?", hasta el precio estimado para un terrenito a 4 cuadras de la estación Glew. Bien. *En el mejor de los casos* (ni hablemos de los más frecuentes), el arquitecto convenció finalmente al cliente de que hay que hacer un proyecto. El cliente entonces, muy razonablemente, quiere conocer los próximos pasos: qué, cómo y *cuánto* cuesta el proyecto.

—Bueno, está bien,—dice el cliente—, hace falta un proyecto; lo comprendo.¿Cuánto cuesta?

—El 10% del costo total de la obra —responde el arquitecto.

—Ajá ¿y cuánto cuesta la obra?

—No sé, porque antes tengo que hacer el proyecto.

La sensación de vaguedad e imprecisión invade al cliente cada vez más. *¿Qué pasó hasta aquí?*

1º error: la consulta. Ninguna persona llamaría a un médico, a un abogado, a un plomero o a un psicólogo, preguntándole "qué día tiene libre". ¿Por qué lo hacen con el arquitecto, entonces? Sencillamente, porque es tácitamente aceptado por ambos, cliente y arquitecto, que la consulta no se cobra. Casi ningún arquitecto cobra la consulta, porque no sabe cómo se hace, cuánto se cobra, ni cómo se cobra. Es por eso que "no se anima", esperando "enganchar" el "proyecto y dirección". *En realidad, su mente ha sido entrenada para apuntar al "proyecto y dirección".*

Los clientes que me llaman por consultas, suelen contarme que antes llamaron a otros arquitectos. "Ninguno me cobró la consulta, todos me dijeron que sólo cobrarían honorarios si les encargaba la obra", me dicen los clientes.

2º error: proyecto y dirección. El arraigado concepto de "proyecto y dirección" está celosamente defendido por el Consejo Profesional de Arquitectura como *"una conquista irrenunciable"* (ver boletines), conocida como *"unidad de la encomienda"*, lo cual resulta válido para obras nuevas, pero absolutamente inadecuado para las reformas. La obra originada en un buen diagnóstico puede llegar a resultar inexistente (lo que sería ideal) o ser tan chica que el cliente esté en condiciones de encararla por su cuenta.

Pero el arquitecto, en esos casos, se resiste a vender su proyecto, siente que "se lo roban". Se queda entonces el arquitecto sin cliente y el cliente sin el servicio más valioso que puede prestarle el profesional: indicarle *qué* hacer.

3º error: el porcentaje aplicado al proyecto. El porcentaje, defendido también celosamente por el Consejo Profesional, es correcto en obra nueva, pero en una reforma es absolutamente contradictorio con los intereses del cliente, quien desea obtener el máximo beneficio, con la mínima rotura. Sin embargo, su arquitecto le quiere cobrar más honorarios, mientras más rompa.¡cuando debiera ser al revés! Imaginemos que acudimos a un médico clínico.

—"¿Cuánto cobra usted la consulta doctor?", le preguntamos.
—"No...nada. Yo sólo cobro un porcentaje de la operación quirúrgica". *¿Confiaríamos en el diagnóstico de semejante clínico?*

El Consejo, la Sociedad Central y las FAU, son instituciones bien intencionadas y coherentes entre sí, pero muy conservadoras, cuyo planteo de la profesión, rutinario y poco imaginativo para adaptarse a las circunstancias, produce una perfecta inhabilitación profesional para encarar los trabajos chicos.

Curiosamente, las instituciones reconocen la incomunicación creciente entre los clientes y arquitectos, pero no comprenden sus causas, porque lo último que descubriría un pez sería la existencia del agua.

"Consultorio de arquitectura. Martes y jueves de 10 a 19 hs."
En los últimos dos años he realizado 14 trabajos de reformas

y equipamientos de oficinas y viviendas en los cuales mi estudio se ocupó de la planificación y también de la ejecución de los mismos utilizando diversas formas de contratación según los casos. Fueron trabajos en los que, ya sea por su importancia o por la modalidad del cliente, era conveniente aplicar el sistema tradicional. Sin embargo, y durante el mismo período, fueron además registrados en el fichero un total de 112 clientes nuevos, que obtuvieron 251 consultas y 42 manuales de instrucciones.

Durante las consultas, que se realizan en el estudio o en el lugar, según corresponda, la respuesta a los problemas planteados es inmediata: croquis y dibujos en escala e información sobre proveedores, tramitaciones municipales, colores, etcétera. A veces un simple consejo o un dato oportuno hacen ahorrar al cliente mucho dinero que estaba a punto de ser invertido, por ejemplo, en costosos herrajes, placares enchapados o alguno de los terribles "modulares" que inundan el mercado.

Para las consultas a domicilio he ido perfeccionando un equipo compuesto por agenda con información permanentemente actualizada, muestrario de colores, calculadora, tecnígrafo-carpeta tamaño oficio, fotografías "antes y después" de trabajos realizados, metro, brújula y material de dibujo. Confieso que me costó un poco "asumir el portafolio" y noto la misma resistencia en mis colegas. Es que la imagen de artista pensativo, algo desaliñado, que todo "lo tiene que pensar" es aún muy fuerte en nuestra profesión, y el portafolio simboliza todo lo contrario. Para llegar a aceptarlo me inspiré en los vendedores de cerramientos, cielorrasos y aire acondicionado. Me asombraba ver cómo sacaban calculadoras, muestrarios y hasta proyectaban divisiones de carpintería en mi presencia dándome todas las respuestas. Es cierto que los problemas que se plantean en mi especialidad son menos tipificables, pero sólo eso, menos tipificables. También lo son los que deben enfrentar los médicos ("no hay enfermedades sino enfermos") y sin embargo van a domicilio y resuelven problemas en el momento sin perjuicio de que en algunos casos se indiquen investigaciones y tratamientos más complejos y prolongados. Estos equivalen, en mi caso, al "manual de instrucciones" que es otro de los servicios que presto.

El día 24 de septiembre pasado, a la una de la tarde, salí con mi valija con instrumental para consultas y volví a las 9 de la noche, con el equivalente a U$S 200 en el bolsillo. Había realizado 4 consultas a domicilio dejando, a mis espaldas, en todos los casos, clientes satisfechos con el servicio obtenido.

Además, ese día me permití lo que es para mí un lujo: a uno de los clientes, ex boxeador y chofer de ambulancia, no le cobré nada. Estaba a punto de iniciar una ampliación de 90 metros en su casita de Parque Patricios, basándose en un planito hecho por él mismo, en colaboración con un albañil. Jamás hubiera podido terminar esa construcción con el crédito acordado por el banco. Dejé en sus manos un croquis, en escala, que indicaba un crecimiento de la casa de sólo 30 metros cuadrados y una resignificación de los espacios existentes, con muy leves reformas, lo cual lo orientaba para realizar la obra que realmente precisaba y podía pagar.

No todos mis días son de consulta, *pero si ese día hubiesen podido hacer lo mismo los 7.000 arquitectos residentes en Buenos Aires, 28.000 familias ubicarían hoy mejor sus ladrillos, su presupuesto y su vida misma, y los arquitectos no estarían tan desocupados.*

Pero en la Facultad no existe una cátedra que enseñe arquitectura clínica. *En realidad tal cátedra no existe en ninguna facultad del mundo* y allí radica la escasa difusión de mis métodos. A mis cursos de post grado concurren un promedio de 25 colegas. Pero...¿qué pasaría si explicara lo mismo el arquitecto Kaarl Wostengeethen (nombre inventado por mí), recién llegado de Estocolmo, y diera su curso en el CAYC?. Mil quinientos arquitectos se fascinarían, envueltos en las espesas nubes de humo de sus propios cigarrillos, frente a las borrosas pantallas de TV en circuito cerrado de la calle Viamonte. ¿O no?

En este rompecabezas del error, falta una pieza: los estudiantes. ¿Qué es la arquitectura para los estudiantes? ¿A quiénes siguen? Parece que casi todos quieren ser iguales a Miguel Angel Roca, ¡como si en Sudáfrica hubiese lugar para 13.000 barrios más, hechos por argentinos!

Durante mi ejercicio profesional —y al margen de algunas obras "normales"— he realizado muchas consultas. Juntas, esas casitas y oficinas formarían un solo edificio de, supongamos, unos 70.000 metros cuadrados.

Pero ese supuesto edificio no existe.

No es juzgable, ni espectacular; no es atractivo para los estudiantes que quieran "enfatizar volúmenes", "acusar texturas", "balconear", "modular", o discutir tipologías. No es una obra que jerarquice a un arquitecto, es sólo placer para algunos usuarios y para el arquitecto que lo recibió, de rebote; un placer difícilmente visualizable como forma, porque es invisible. Es otro concepto de la arquitectura. Es la arquitectura como servicio.

Manual de instrucciones

El manual de instrucciones se parece al tradicional "proyecto" y se diferencia de este en que el lenguaje no es el apropiado para dirigirse a una empresa constructora, ni para defenderse de posibles conflictos legales ("los materiales serán de primera calidad" "...las reglas del arte", etcétera) sino para ser comprendido por una persona común. Los planos son acompañados por casettes explicativos donde también se proporcionan soluciones alternativas, direcciones de proveedores, posibles dificultades y su solución, prevenciones a tener en cuenta, etcétera.

En el manual de instrucciones figura todo lo necesario para realizar reformas sencillas, equipamientos o simples mejoras en la ambientación (luces, colores...) y se elude toda información superflua.

Durante la ejecución de los trabajos puede ocurrir que el cliente junte varios problemas o alternativas que requieran una consulta en obra (por lo general no más de dos). En ese caso esta se realiza y se cobra independientemente.

Es interesante observar lo bien que la gente suele interpretar los planos, la justeza de las observaciones y críticas que a veces realizan, en fin, la cantidad de excelentes directoras de obra que se ocultan en más de una ama de casa. Además el sistema permite una verdadera participación del cliente en el mejoramiento de su casa y la obtención de un servicio que se ajusta perfectamente a sus necesidades.

Durante el proceso de ejecución del manual de instrucciones he ido perfeccionando un sistema de entrevistas, por lo general tres, cuyo desarrollo es el siguiente: en la primera entrevista me interiorizo del problema, tomando nota textual de las frases claves, diferenciando las necesidades de las soluciones que el cliente siempre propone en forma simultánea. Luego le muestro diapositivas de trabajos y tomo nota de sus reacciones en pro o en contra. La segunda entrevista se denomina "entrevista cocina" y últimamente se ha ido convirtiendo en una verdadera clase teórica con croquis y diagramas, en la que explico al cliente cómo vive en su casa, cuál es el uso real que da a sus espacios. La definición más justa sería un diagnóstico. Inmediatamente le muestro en forma sucinta las distintas soluciones posibles, y sus costos aproximados.

En ese momento suelen producirse reacciones tales como el rechazo o la angustia, como si los cambios empezaran a ocurrir en ese instante. Es que la casa, lo mismo que el automóvil y la ropa, es vivida a nivel inconsciente como una extensión del propio cuerpo, y la primera reacción se parece mucho a la que se produciría frente a una agresión.

No ocurre lo mismo con el cliente frente a un dibujo de una casa a construirse. El terreno es solo una figura geométrica con la cual nadie tiene relaciones afectivas, íntimamente ligadas a la historia personal de cada uno, como sucede con la propia casa. Pero así como llega a aceptar (no sin resistencia) al traje nuevo, el cliente vuelve a la tercera entrevista más calmado y por lo general entusiasmado con una de las propuestas de cambio que acaba de representar, con ayuda de su imaginación y de toda la familia, en el mismo lugar de los hechos, que ahora ve con ojos diferentes. Su voluntad de mejorar (mejorar el ambiente en que se vive, donde se trabaja, es mejorarse uno mismo) tiene ahora una dirección, un camino.

En la solución elegida ha pesado el criterio del cliente y también mi propia influencia que es siempre la aplicación de mi filosofía profesional frente al tema de las reformas. Esta se basa en el respeto a todo lo positivo que tiene lo existente y me refiero tanto a la casa como al cliente mismo, sus costumbres, sus deseos de mejorar y sus reales posibilidades de cambio, tanto psicológicas como económicas. La reforma ideal se parece, a mi juicio, a una perfecta toma de judo donde la fuerza de lo opuesto se utiliza a nuestro favor. Lo opuesto serían los inconvenientes que la casa presenta y el golpe de judo la solución, breve, económica y de notables resultados. Esta actitud se contrapone a otra muy difundida en nuestra profesión que es la de arrasar con todo (quizás sea para poder construir después), bajar todos los cielorrasos, subir los pisos, cambiar la fachada...

Son muchos los clientes que me han confesado este temor frente a los arquitectos cuyo fundamento no me atrevo a avalar. Sin embargo, quizás la actitud exista y quizás también exceda los límites de la profesión. Al decir esto pienso en la ciudad de Buenos Aires, donde día a día se demuelen edificios valiosos, que incluso podrían seguir siendo útiles a la comunidad aún desde el punto de vista práctico. Es cierto que hay motivaciones económicas que podrían explicar esta actitud destructiva frente a un pasado que solo se defiende en declaraciones y discursos, pero también es verdad que en otros países existen las mismas motivaciones e intereses y los resultados son muy diferentes.

Otra explicación para la actitud destructiva en el planteo de las reformas consiste en que resulta difícil para el arquitecto, que se maneja preferentemente con planos de paredes y techos, presentar (¡con planos!!!) una solución que no implique ningún plano nuevo, sino solamente —en algunos casos—, un cambio en el color o en la distribución de los muebles...

¿Acaso alguna vez presentamos un trabajo semejante durante toda nuestra formación universitaria?

Durante el proceso de estudio suelo dibujar solamente las partes fijas, inamovibles de la vivienda u oficina. Pienso la solución ideal para ese programa de necesidades y luego las diversas operaciones de "cirugía" que podrían practicarse para obtener la mejor respuesta, hasta que elijo la que cumpla con el famoso precepto de Mies Van der Rohe: "menos es más"

Utilizo fotografías interiores de los ambientes tomadas con lente de 28 mm, y dibujo sobre las fotos. La cámara es una maravillosa máquina de tomar apuntes, que utilizo siempre.

Los temas

Ningún caso es igual a otro, pero hay muchos que se repiten y estos son los más comunes:

a) nace el primer hijo y todo debe readaptarse, muchas veces dentro de un espacio limitado. b) Los chicos llegan a la pubertad y las muñecas son reemplazadas por escritorios, lugar para reunirse con amigos y escuchar música, sin superponerse a los padres. Se precisa una especie de nuevo living. Las casas antiguas permiten soluciones muy interesantes, inspiradas en la utilización naval del espacio, con entrepisos y alturas mínimas. c) Consultorio y vivienda en el mismo edificio. Ahora es muy común debido al auge de la psicología. d) Ampliaciones en casas bajas; crecimiento hacia el fondo, hacia arriba o remodelación de lo existente. e) Equipamiento, a veces también reforma para el soltero o el/la recién separado. Un equipamiento económico, completo y rápido. Lograr una sensación de casa que ayude a superar la pena que implica toda separación, en un departamento de uno o dos ambientes que, de otra manera, se parecería a un desolado cuarto de hotel. f) El matrimonio de 50 años; los hijos se casan, ¿cómo utilizar el espacio que queda?

Un matrimonio joven que habitaba una muy mal proyectada casa en Martínez pedía textualmente "tener un living"; la casa tenía, teóricamente, un living, pero resultaba imposible equiparlo y usarlo como tal, debido a sus proporciones inadecuadas.

Un tema interesante y reiterado es el del comedor formal y el comedor de diario. Este último por lo general carente de espacio. La conexión cocina-comedor mediante la perforación de la pared que las separa u otras soluciones igualmente positivas, según el caso, son finalmente aceptadas con entusiasmo, no sin antes hacer toda una valoración de prejuicios y formas de vida cuyo campo de acción resulta difícil mantener dentro de los límites de la arquitectura.

Los espacios que habitamos son físicos y también culturales. La arquitectura en este caso, como en todos, linda con otros campos de la ciencia y la cultura en los que, creo, debemos adentrarnos sin temor. Al fin y al cabo las terapias existieron antes que los psicólogos, las viviendas antes que los arquitectos y los bebés nacieron durante muchos años sin la presencia de los neonatólogos...

La actitud hacia los hijos, hacia la comida, hacia la sociedad y hacia el sexo se refleja claramente en la ambientación de una casa. Es al respecto muy interesante el trabajo de los autores teatrales y de los directores de cine, quienes junto con los escenógrafos (de los cuales tendríamos mucho que aprender) crean ambientaciones que expresan la vida, los sentimientos y las actitudes profundas de los personajes.

En la especialidad que he elegido los personajes son de carne y hueso, se representan a si mismos y se acercan a mí cuando quieren cambiar.

Como casos atípicos quisiera mencionar siquiera dos: los grandes cambios en la distribución de la casa (caso opuesto a la teoría del judo) y la casa de mi amigo Roberto Burlando.

Esos grandes cambios se justifican a veces porque el gasto de trasladar una cocina o ampliar un cerramiento es compensado por los resultados obtenidos, y también cuando un especial apego a la casa por parte de los propietarios justifica la inversión.

Roberto Burlando, profesor de Educación Física y persona muy original, pidió un living-gimnasio para su casa en Don Torcuato. "Al fin y cabo —sostenía en una entrevista—, living room quiere decir cuarto donde se vive, donde se está... ¿y por qué uno debe estar siempre sentado con una copa en la mano, frente a una mesita ratona? ¿Por qué no puede estar también jugando, colgándose de un trapecio o trepándose por un espaldar?" El argumento me convenció rápidamente y en su manual de instrucciones, figuró su living-gimnasio tal cual lo pidió.

Conclusiones

El tipo de trabajo que vengo realizando ha ido repercutiendo en la organización de mi estudio, sin que yo tomara conciencia al principio de estos cambios. La mesa de dibujo, por ejemplo, no ocupa ya el centro del espacio, destinado primordialmente a la exhibición de planos en paneles, de diapositivas y a la reunión con los clientes. Antes que con prolijos dibujantes prefiero contar con una muy buena y ordenada secretaria que acumule y tenga siempre listo el material necesario, entre el que se incluyen mis propios trabajos. Los clientes tienen fichas y mis honorarios los fijo tasando mi hora de trabajo al precio de los mejores profesionales de otras especialidades. Los instrumentos de trabajo están siempre ordenados y las salidas del estudio las concentro en el tiempo, lo mismo que las entrevistas.

Por otra parte, la cantidad de clientes que atiendo me permite tener siempre continuidad de trabajo sin depender de uno o dos grandes clientes como suele ocurrir en otros casos.

También he notado que el entrenamiento de proyecto que exige este trabajo me permite enfrentar temas tradicionales con una rapidez que antes no tenía. Una casa o una oficina con medianeras, núcleos sanitarios y pasillos es también un "terreno", pero de límites más complicados que los terrenos vacíos.

El contacto directo con los verdaderos habitantes de la arquitectura me provoca a veces algunos sinsabores, pero, sin duda alguna, son muchas más las gratificaciones. Una abogada abrió un cuaderno, que me hizo llegar, donde figuraban los comentarios de sus clientes al entrar a su oficina ambientada según mis instrucciones.

Podría mencionar muchos casos más del mismo estilo, todo lo cual me hace sentir a veces algo así como un arquitecto-terapeuta. Esto seguramente explica la cantidad de términos médicos que utilizo para referirme a mi trabajo.

Las modistas, mis colegas

Los dos casos que presento aquí son "arquitectura a medida" (de allí el título), y muestran, además, mi posición frente al tema "arquitectura regional".

Assunta

Assunta Acolla es hermosa, alegre y muy elegante. Se había comprado un terreno de una hectárea en la zona de Marcos Paz, donde abundan las chacras, más que las quintas. Quería una casa de fin de semana y estaba dispuesta a construirla en dos etapas.

Durante la toma del programa de necesidades suelo introducir un ejercicio que consiste en la descripción de un recorrido imaginario que el cliente hace dentro de su casa, ya construida. Trato así de captar el clima interior y las conexiones entre los ambientes. Dijo entonces A.A., textualmente: "Yo entro por una galería, después hay un hallcito para dejar las cosas y entro al living. Veo un sillón de mampostería, una mesa baja muy rústica, al costadito un mueble antiguo... Veo también un desnivel más alto con piso de baldosas de patio, allí está la chimenea, porque, eso sí, "la chimenea la quiero alta". "El clima es rústico, lo más rústico que te puedas imaginar". Meditó unos segundos y se iluminaron sus facciones cuando concluyó: *"lo que yo quiero es la casa mediterránea siciliana"*.

En ese momento comprendí que Assunta me hablaba, en realidad, de su infancia y, a juzgar por la expresión de su cara, esta había sido buena.

A esta altura es conveniente aclarar que Assunta es siciliana, aunque vive desde hace muchos años en Buenos Aires.

Yo

"¿Así que una casa siciliana, eh?, —pensé—. ¿Por qué no buscarla en algún libro de esos que reproducen casas típicas? ¿Para qué un arquitecto, si bastaría con un constructor?" Esta es la primera reacción que los arquitectos tenemos en estos casos, cuando el cliente "sabe exactamente" lo que quiere.

Pero la realidad es que no estamos en Sicilia sino en la provincia de Buenos Aires, con otro sol, otros materiales, otros obreros, otros hijos y otros amigos. En una palabra, se trataba una vez más de *interpretar*, en este caso a la bella Assunta, y así lo hice. Reemplacé, como lo hago siempre, la presentación del tradicional anteproyecto por el Estudio de Factibilidad, proceso que dura dos semanas y cuya explicación y fundamentación no caben aquí.

El proyecto

La casa tiene un desarrollo lineal y quedó ubicada cerca de uno de los vértices del terreno, que es una manzana, de manera tal que resulta posible un crecimiento eventual de un dormitorio más hacia el sur. La galería mira hacia la pileta y hacia el norte. El oeste quedó bien protegido por árboles existentes.

Los materiales y las terminaciones son rústicos; hay varios arcos de yesería, de buen espesor. La cocina está integrada al comedor y al exterior para comer debajo de un gran árbol, en verano. La chimenea quedó, sí, en un recinto más alto.

Pero... ¿y la imagen exterior?

Casa de Assunta. Maqueta de estudio.

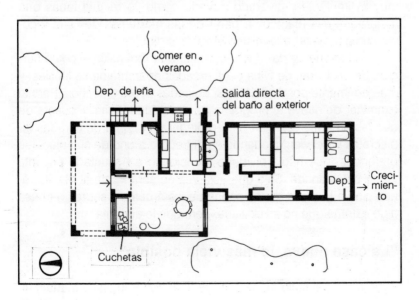

Casa de Assunta

Gina

Es aquí donde aparece Gina Succar, una pintora y escultora que tiene una extraordinaria condición natural para todo el campo de la plástica en general. Además es mi amiga y la admiro. Esta fue la primera vez que se me ocurrió pedirle su colaboración para resolver el tema arquitectónico-escultórico de una casa, si bien cooperó conmigo en otros trabajos, sobre todo en la ejecución de murales.

El trabajo con Gina duró una tarde y fue así: yo me ubiqué frente al tablero, a las numerosas fotos del terreno y al programa de necesidades de Assunta y le "tiraba" a Gina subvariantes de planta, cortes y perspectivas.

Gina tenía una base de cartulina representando al terreno con sus árboles (yuyos robados del terreno de enfrente), una tijera y varias cartulinas. Con una rapidez increíble armó varias casas y de la interacción de maquetas y dibujos salió la casa final. Era muy estimulante y divertido advertir cómo yo recibía ideas que mejoraban mis planteos a partir de las maquetas de Gina y cómo a ella le pasaba lo mismo al ver mis dibujos.

En un momento dado vi —con cierta aprehensión— cómo surgían de las tijeras de Gina unas arcadas aparentemente inútiles, y marcadamente posmodernistas, ubicadas sobre el techo... Pero al examinar de nuevo el programa de necesidades me di cuenta de que las arcadas servirían para proteger a Assunta de miradas indiscretas y del viento, cuando se entregara a uno de sus placeres preferidos, que había olvidado mencionar: a Assunta le encanta tomar sol desnuda. Sólo que esta vez no será frente al Mediterráneo sino a la altura de las copas de los árboles y sobre una casa algo extraña que no es siciliana, pero que le encanta.

"La casa nueva, lo más vieja posible"

La frase del título fue la síntesis final que Paulette y Manuel hicieron de su programa de necesidades para una casa de fin de semana en un terreno de 10 hectáreas, cercano a Luján. Como en el caso de Assunta, se trataba también de un ansiado reencuentro con la casa de la infancia.

Solo que esta vez fueron, más precisamente, los veranos de la infancia, veranos entrañables transcurridos en cascos típicos de estancias bonaerenses, construidos en las primeras décadas del siglo.

En otras palabras, Paulette y Manuel querían la casa en "L", con columnas de hierro fundido y chapas, y una torre.

Mi conflicto inicial fue el mismo que tuve en el otro caso: *¿Para qué me precisan a mí?* ¿Adónde fueron a parar los restos -que aún me quedan- de la subcultura arquitectónica, que me impulsan a buscar siempre nuevas formas, nuevas "expresiones"? ¿Qué sería de la historia de la arquitectura si todos se dedicasen a la arquitectura evocativa, a la cual parecían condenarme mis nostálgicos clientes? El conflicto lo resolví así. Sencillamente seguí trabajando según mi sistema. En la primera entrevista, luego de pactar honorarios, plazos, etcétera, fui todo esponja: absorbí lo que los clientes pedían y sentían: modos de vida, imágenes, etcétera. Durante la segunda entrevista (Estudio de Factibilidad) presenté, entre otras variantes, la respuesta exacta a lo que el cliente *pidió:* la típica casa de estancia, y, eso sí, *también su crítica,* pues la había estudiado y le encontré defectos intrínsecos y otros que se agregaban al pretender envolver en aquella cáscara a una familia de 1984. Los defectos que encontré fueron los siguientes:

1) Falta de acceso clarificado. ¿Cómo arrimarse a esa "L" con un auto para bajar las valijas en una noche de lluvia?

2) Falta de intimidad de los padres, sobre todo en los momentos de expansión sexual. Defecto compartido, por otra parte, con numerosos ejemplos de arquitectura contemporánea, cuyos obsesivos "balconeos" y zonificaciones, obligan a los padres a ser clandestinos dentro de su propia casa, haciendo el amor en voz baja.

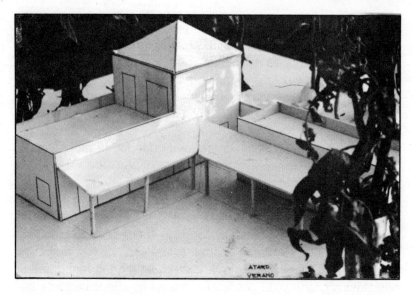

Maqueta. Atardecer en verano.

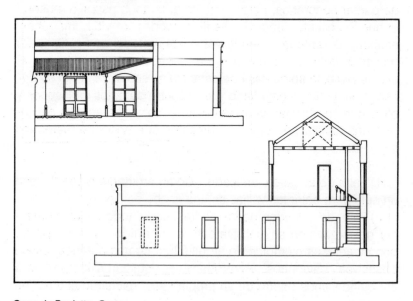

Casa de Paulette. Cortes.

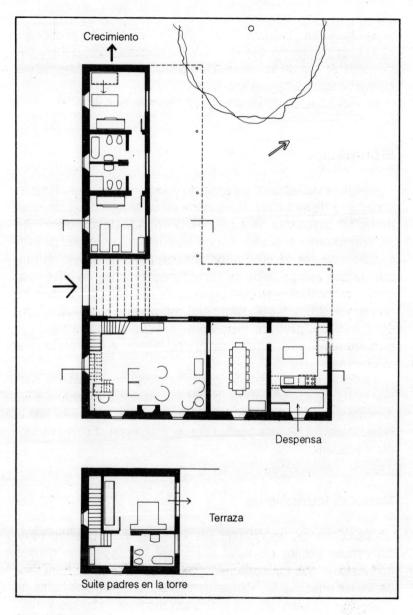

Casa de Paulette.

3) Cocina en el vértice de la "L", arrinconada hacia el sur.
4) Crecimiento no previsto. Como las casas siempre crecen, después se arman los inevitables pastiches, resultantes de sucesivos impulsos "agregacionistas"
5) Mala relación de los dormitorios con los baños.

El proyecto

La forma de la casa les encantó a los clientes, pero les sorprendió la distribución. ¿La cocina en un extremo? ¿Las patas de la "L" separadas para permitir la entrada de los autos? *Todo contradecía al planito hecho con birome, en papel cuadriculado, que me trajeron el primer día;* pero cotejando mi propuesta con sus pedidos de situaciones (muchas de ellas relacionadas con las visiones de la luz y del sol: "en verano no quiero ver el atardecer desde el living porque estamos andando a caballo, pero en invierno sí"), aceptaron finalmente la distribución que les propuse, porque era la que realmente *querían*.

La *"cáscara", en cambio, era la que habían imaginado*, sólo que en la torre, en lugar de haber murciélagos, estaba la suite de los padres; que la galería tenía una profundidad mayor que la clásica; los dormitorios podían crecer claramente hacia el sudoeste, etcétera.

Manual de instrucciones

Las columnas, las chapas, las ventanas y las puertas serán compradas por los propietarios en demoliciones: serán objetos con historia, que formaron parte de casas parecidas. Para ayudarlos les entregué un *Manual de instrucciones* de dos horas de grabación y cuatro planos, indicando medidas máximas y mínimas, características y también algunos chistes innecesarios.

Conclusión

Si la arquitectura es *formas nuevas,* esta casa no le ganó a nadie. Si la arquitectura es, como yo lo creo, *el invisible punto de encuentro entre los edificios y la gente,* este es un ejemplo positivo y novedoso porque se trata de *una nueva relación entre una forma antigua y un contenido actual.* Y como, además, responde al clima, y a los medios constructivos disponibles, creo que se trata de un buen ejemplo de arquitectura argentina contemporánea.

Aunque la "cáscara" sea antigua.

La cuestión de la cocina

Mucho se ha escrito, —y dibujado,— sobre la cocina considerada en sí misma (área de preparación, guardado, cocción, ergonomía, etcétera) por lo cual prefiero dejar a un lado ese aspecto y plantear otros temas laterales a la función específica de cocinar pero que, sin embargo, tienen mucho que ver con ella. De allí el título: La *cuestión* de la cocina.

La pared

En realidad *la función cocinar no existe,* como no sea para los cocineros profesionales. Para el 90% de las familias argentinas cocinar es solo una parte fragmentaria de un hecho vital más amplio: *cocinar-comer-dar de comer a los chicos, o también cocinar-comer-conversar.*
Porque mientras se prepara el arroz con salchichas hay que darle de comer en la boca al más chiquito o secar el agua que derramó sobre el mantel el más grande o calentar el café. Otro caso, sin chicos: dos matrimonios jóvenes se reúnen para comer. Ellos conversan en el comedor y ellas en la cocina, mientras preparan todo. Cuando llevan la comida a la mesa, Carlos debe repetir el cuento que le hizo a su amigo para que lo escuchen las mujeres. La conversación se interrumpe unas nueve veces durante la comida, cada vez que ellas se levantan de la mesa para llevar o traer algo de la cocina. ¿Por qué entonces, no comer en la cocina?. Porque el comedor diario no cabe allí.
Conclusión: en casos como este, *una pared entre la cocina y el comedor es tan absurda como una pared entre la mesa de luz y la cama.*

Este error se advierte mucho en propiedad horizontal, pero alcanza el climax en la vivienda popular mínima (50, 60 m²), como es el caso de las *miles* de viviendas del Barrio General Güemes, en la zona de Ezeiza, donde las cocinas, flaquísimas, están separadas de comedores inequipables, por una pared cuya demolición está prohibida. Otro absurdo sobre el mismo asunto es la resolución del año 78 del doctor Laura por la cual es obligatoria, en Buenos Aires, ¡la cocina con paredes en departamentos de un ambiente!

¿Cuál es la explicación de estas aberraciones?. Creo que la respuesta está en la mentalidad vacilante de gran parte de nuestra clase media, que sigue copiando a la clase alta, cuando esta tenía mucama permanente, con uniforme, mientras que el cocinero, con gorro y todo, preparaba la comida en una lejana cocina. Tanto el increíble decreto del abogado Laura, como el diseño de las viviendas que padecen los habitantes de muchos barrios populares nuevos, y también la cultura inmobiliaria en general, son expresiones de una actitud mental que, como suele ocurrir con la arquitectura, está por "debajo" del diseño y, no obstante, lo determina.

En mi casa actual hay una cocina con comedor diario y otro comedor aparte porque el espacio lo permite, pero cuando vivía en dos ambientes con mi mujer, la cocina propiamente dicha era una cápsula de acrílico qué le crecía hacia afuera a una de las ventanas, accesible también desde la terraza. Los estantes con latas y la heladera (pintada de colorado) invadían un rincón del living. Al fin y al cabo, —decía yo entonces una *latoteca*—, no se diferencia mucho, visualmente, de una biblioteca...

Durante muchos años el sistema funcionó muy bien. Un día pasó algo gracioso. Se presentó un censista, me hizo las preguntas de rigor, y cuando llegó el momento de llenar las planillas noté que su lápiz vacilaba, indeciso, frente a los casilleros. Le pregunté cuál era el problema. "Es que su casa, arquitecto, entra en la categoría de vivienda paupérrima, porque no tiene cocina", me contestó con mucho temor a ofenderme... Sin embargo, en ese amplio living, donde también dormía porque le habíamos dado el único dormitorio a nuestro hijo, hicimos muy ricas comidas y yo pasé seis años muy felices de mi vida. Muchas veces mis colegas han señalado que la clase popular también se opone a la cocina-comedor y prefiere la separación, aún con medidas mínimas. Sin embargo, el Barrio Justo Suárez en Barracas (erradicación de villa) se hizo con cocina-comedor integrados y sin el clásico pasillo frente a los dormitorios. En este caso los usuarios *participaron de verdad* en el proyecto, junto con sociólogos y arquitectos que se tomaron el trabajo de desglosar lo que el cliente *pedía* de lo que realmente *quería*. Visité el barrio hace poco y todo el mundo está encantado con sus viviendas, lo que de ninguna manera ocurre en el Barrio General Güemes.

Mi experiencia

Cerca de quinientos casos diferentes resueltos en Buenos Aires, algunos barrios nuevos en el Caribe y varios estudios de barrios existentes, hechos con alumnos, en el Chaco, en La Plata, en Buenos Aires y en el Perú, me han proporcionado una experiencia muy vasta en el tema que siempre ocupó el centro de mi atención: la relación entre la arquitectura y las personas.

Trataré de mencionar, aunque someramente, las circunstancias que más se repiten en relación con el tema de la cocina.

En cuanto ahondo un poco en el problema que cada cliente me plantea, y hago el correspondiente diagnóstico, me encuentro casi siempre con que no se trata solamente de agregar azulejos y muebles, sino de corregir puertas mal colocadas que impiden el armado del comedor diario, o reemplazar ventanas altas, con vidrio *martelé* (no transparente) en torres con vista al río (porque en la planilla de locales decía: "cocina: banderola, dos hojas" *) y aún cambiar de lugar cocinas mal ubicadas dentro de la vivienda.

Otros defectos típicos, cuya enumeración a contrario sensu, como dicen los abogados, podría servir para ir definiendo las características de las buenas cocinas, son los siguientes: a) muchos aparatos pero poca mesada; b) falta de espacio para que puedan colaborar dos personas (el ancho mínimo ideal es de 2,30 m); c) falta de lugar para útiles de limpieza; d) escurrimiento de los platos sobre mesada (debe ser un implemento colgante para dejar libre la mesada); e) falta de pequeña mesada a la izquierda de la heladera; f) paredes desaprovechadas para colgar cosas. Con respecto de este último punto, hasta hace poco predominaba entre nosotros la "cocina-laboratorio", donde todo está escondido detrás de puertas. Ultimamente yo les muestro a los clientes imágenes de cocinas con frascos, cacerolas y estantes a la vista, con alguna alacena cerrada, pero aceptando el hecho de que muchas cosas son dignas de verse (tiras de ajo colgadas, tablas para cortar carne, cuchillos, moldes de tortas, etcétera.) y contribuyen a crear un *clima* menos aséptico y más agradable.

¿Por qué no pueden quedar los platos en el escurridor, entre una y otra comida? Una señora mueve cada plato, como promedio, ocho veces por día, entre sacarlo de la alacena, servirlo, lavarlo y volverlo a guardar... total, para que todo quede igual que antes...

Por otra parte, este criterio "exhibicionista" es mucho más económico, en lo que a equipamiento se refiere.

La cocina y los hábitos de compra

Las cocinas argentinas son cada vez más chicas y entran en franca contradicción con los hábitos de compra que las empre-

* Por ventanas bajas y transparentes

sas multinacionales pretenden desarrollar en el país: los supermercados gigantes. Los norteamericanos tienen congeladores, pero veamos un departamento promedio de propiedad horizontal, ...¿dónde guardar comida congelada para uno o dos meses? Nuestras cocinas forman una estructura coherente con el almacén de barrio, especialmente en el caso de las personas con menos recursos, que son las que deben pagar más por la comida. La pobreza sale cara.

Muebles para cocina

Con respecto de los muebles y el equipamiento que proveen las casas especializadas, creo que han llegado a un alto grado de perfeccionamiento, de nivel estético y de ingenio para resolver problemas provocados por la falta de espacio, como las esquinas en alacenas y bajo-mesadas, mesas auxiliares de "quita y pon" y todo tipo de guardado. Creo también que estas empresas debieran dedicar cierta energía a investigar la forma de reducir los costos (¿por qué no haciendo convenios con la univesidad o con institutos?). A veces el equipamiento de una cocina cuesta lo mismo que un auto, y eso es demasiado.

Otra sugerencia que hago a los fabricantes de muebles para cocina es la de trabajar juntamente con arquitectos cuando el problema así lo requiera. Es hora de superar el famoso slogan "nuestro decorador lo asesorará gratuitamente"; resulta tan absurdo como si en las farmacias le dijeran a uno "nuestro bioquíomico lo asesorará gratuitamente sobre su enfermedad. Explíquenos sus síntomas y le daremos el remedio indicado".

Otra vez el usuario

Para satisfacer profundamente al usuario hay que comprender cuestiones que van más allá de la técnica, de la estética y de la ergonomía. Por ejemplo, ¿qué era cocinar para mi madre, quién jamás hirvió un huevo, y qué era cocinar para la madre de Bonavena (*) quién nunca aceptó que Ringo le contratara una mucama? La respuesta a esta pregunta tiene mucho que ver con la conformación concreta de una cocina. Para la madre de Ringo un plato de ravioles es un acto de amor hacia sus hijos, especialmente el domingo. Para una señora de clase alta, en cambio, ese mismo plato de ravioles puede ser la nefasta consecuencia de un día sin mucama, para colmo, y por lo general, el mismísimo domingo.

Una vez una clienta me preguntó: "¿Sabés qué es lo que más me gusta de esta cocina? El pino de enfrente" dijo, señalando hacia la ventana que le hice colocar estratégicamente, en determinado lugar.

Es decir, que lo más importante de la cocina, como decía al principio, no es la cocina, porque la arquitectura, en realidad, se comporta más como una cáscara que como un objeto. Una cáscara que nos ayuda a vivir. Si como arquitectos es muy importante comprender lo anterior, como usuarios no nos vendría mal reflexionar sobre lo que sigue:

"El descubrimiento de un nuevo plato hace más en beneficio del género humano que el descubrimiento de una nueva estrella".

El destino de las naciones depende del modo en que se nutren", dos afirmaciones del *gourmet* Brillant Savarin que podrían complementarse muy bien con una frase de Lao Tse: "Gobernad el país con el mismo tacto con que preparáis pescado".

(*) Popular campeón de box argentino durante la década del 60.

LA COCINA IDEAL

- La cocina ideal no existe, porque no existen las casas ideales, ni las personas ideales.

Sin embargo, sería bueno que la cocina sea:

- Grande, con un lugar para comer.
- Con una ventana a través de la cual se vea el cielo, o plantas, o los chicos jugando en el jardín, o algo...
- Que tenga un clima agradable, que dé hambre y ganas de cocinar.
- Que tenga mesada suficiente.
- Que puedan cocinar dos o más personas.
- Si hay poco espacio en la vivienda es mejor una cocina-comedor aceptable que una mala cocina pegada a un mal living-comedor
- Que las cosas estén a mano
- Que el humo se vaya, y rápido.
- Que quede cerca del lavadero si no hay mucama.

La casa es grande...
pero el corazón es chico

Entre las explicaciones que acompañan a los proyectos de viviendas que son publicados, muy pocas veces figura el relato de cómo es, o cómo sería, *estar allí*, que es precisamente lo que más importa.

Respecto de la cocina por ejemplo, podría imaginarse el placer de cocinar como algo compartido entre dos o más personas. ¿Por qué no invitar a los amigos a cocinar, y no sólo a comer? Casi todo el filme "La decadencia del imperio americano" se desarrolla dentro de esta placentera escena central que a muchos nos gustó ver en el cine, pero que pocos se animan o pueden, vivir.

La cocina es el lugar donde más se está, el lugar preferido de reunión, el corazón de la casa; pero esa tendencia natural se ve frustrada en las viviendas urbanas argentinas, cuyas cocinas son invariablemente estrechas y están ubicadas en el sitio menos favorecido de la casa. Podría atribuirse esto a la falta de espacio, pero no es así, porque ocurre también en viviendas de 300 metros cuadrados, proyectadas por arquitectos reconocidos por sus colegas como los mejores, cuyos proyectos son seleccionados una y otra vez para ser publicados.

Son comunes las torres lujosas, con cuatro caras al sol, en cuya parte central yace el *comedor diario*, rodeado de azulejos, con dimensiones que no exceden el clásico 2m x 2m, y con varias puertas... ¿Cómo explicar semejante represión *diaria*?

En las viviendas individuales, sobre lotes de 8,66m, la tendencia es la misma. Las cocinas y los comedores diarios suelen ocupar una de las tres rebanadas longitudinales en las que habitualmente los arquitectos dividen este tipo de casas. A cada rebanada le corresponde, por lógica, una medida muy escasa, dentro de la cual suelen ubicar la cocina, casi nunca relacionada

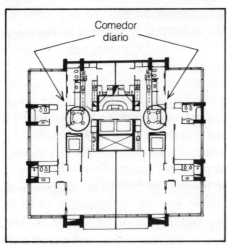

Comedor diario

Torre en Buenos Aires. Departamentos lujosos, con cuatro caras al sol y el comedor diario en el centro, entre azulejos, en zona de paso... y con luz eléctrica!

con el fondo en forma franca, como debería ser, y unida a un comedor diario convertido en un lugar secundario. La idea parece ser "vivamos incómodos de lunes a viernes, total el fin de semana lo pasaremos bien en el country, en un buen quincho". Pero tener dos casas es como estar casado y tener amante, hay que hacer todo doble, y si a eso se le suma el tránsito y la falta de estacionamiento, la vida se hace imposible; sobre todo cuando uno ha descubierto que lo esencial no es el espacio, sino el tiempo.

Volviendo a la cocina, otro error muy común consiste en subdividirla con "espinas" o "islas", muy adecuadas en ambientes de tamaño generoso, pero que en espacios chicos se comportan como lanzas que apuntan a los riñones y dificultan la vida. El verdadero lujo, que es el espacio abundante y vacío, se sacrifica en el culto secreto al "aprovechamiento", bajo la sombra protectora del Dios Neufert, (*) nunca nombrado pero siempre obedecido, quien nos permite fragmentar y achicar todo hasta lo indecible.

En el consultorio se aprende mucho

Cuando la mayor parte de la gente encara la reforma de su casa, por lo general sin arquitecto, concentra su atención y su presupuesto en la cocina propiamente dicha, y allí está su error. Pocas veces la verdadera solución consistirá en mejorar o agrandar la cocina —que suelen hacer crecer hacia el fondo, oscureciendo otros ambientes sino en replantear la organización general de la casa. Muy a menudo los arquitectos caen también en este error, y se apresuran a responder a la demanda manifiesta de sus clientes, dibujando la cocina en 1:25 y eludiendo olímpicamente el 1:100, escala que les permitiría visualizar el verdadero problema, que nunca es parcial, sino total. La actitud del arquitecto frente a la demanda de sus clientes —que siempre es puntual— debería ser similar a la de un buen clínico, que jamás limita su atención al órgano del cual se queja el paciente, sino que estudia a este como una totalidad.

(*) Ver capítulo: Faltan techos, sobran paredes, pág. 71.

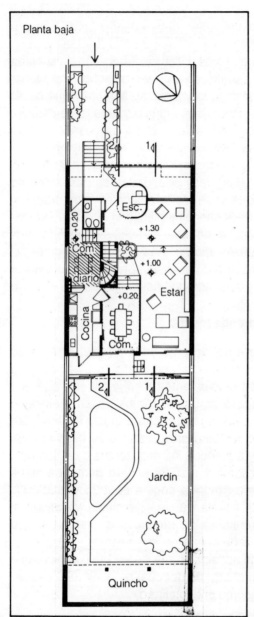

La casa en tres "rebanadas", con el comedor diario en el centro, en penitencia...

Otro consejo que me permito dar a mis colegas, en especial a los más jóvenes, es representar siempre *la escena* en la realidad, abandonando por un rato el tablero que nos ayuda a sintetizar, pero que es fuente también de muchos errores. En definitiva, la arquitectura es el arte de estimular las escenas que intensifican y hacen más feliz la vida, mediante la ubicación de los límites que permiten (o impiden!!!) que estas escenas ocurran. No se trata solo de que las personas "quepan" o "circulen" y mucho menos de que los volúmenes se "enfaticen" y otras frivolidades por el estilo, sino nada más y nada menos, que de ayudar a la gente a que sea más feliz, mediante una óptima organización del espacio habitable.

Más del 70% de pacientes (gente que padece los edificios) atendidos y registrados en mi consultorio de arquitectura durante los últimos dieciocho años, centró sus quejas en la cocina. Por lo tanto, la reflexión sobre estos casos me permite afirmar que lo dicho aquí se parece más a una conclusión —y como tal sujeta a discusión, por supuesto— que a una mera opinión.

¿Qué ocurre al aplicar el resultado de estas reflexiones en el proyecto de una casa nueva?

Ultimamente he proyectado viviendas nuevas, algunas de las cuales están terminadas y probadas, con resultados muy positivos. Una de ellas es la casa de Tato Pavlosky, de 180 metros cuadrados, en el barrio de Núñez.

Durante la construcción, las amigas le decían a Susana Evans, la actual mujer de Tato: "¿Para qué querés una cocina tan grande?" o, "aquí te convendría poner tal o cual mueblecito, para dividir...". "Solo voy a poner una mesa, con aire alrededor", contestaba Susana.

El living y la cocina son amplios, aunque la casa no es demasiado grande. Ambos lugares dan directamente al jardín, pero la familia y los amigos optan casi siempre por la cocina y se reúnen alrededor de una mesa grande; este es el único comedor y está ubicada en el corazón de la casa, la cocina. Un corazón amplio y central que no necesitará ser reformado.

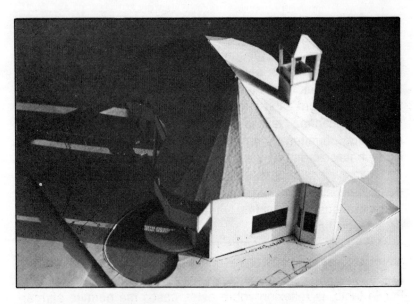

Casa en San Miguel. Maqueta de estudio. Tanque de agua con mirador.

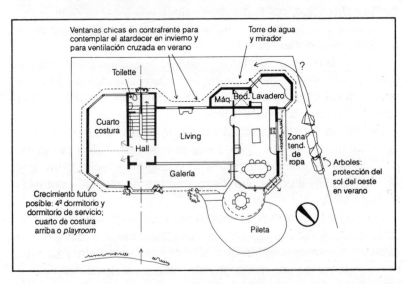

Planta baja. (Cocina-comedor, con comedor exterior, sobre una isla en la pileta). Proyecto del autor.

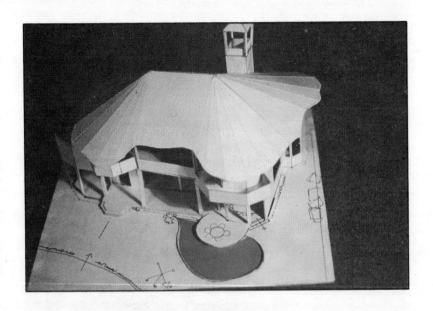

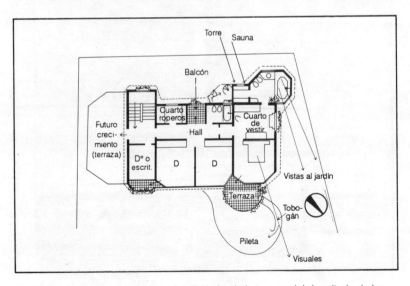

Planta alta. Tobogán para tirarse a la pileta desde la terraza del dormitorio de los padres.

Cocina-comedor en la casa de Tato Pavlosky: una mesa y aire alrededor.

Faltan techos, sobran paredes

El déficit de viviendas en el país alcanza los tres millones de unidades, de lo cual se deduce, fácilmente, que faltan techos y paredes. Paradójicamente, también es cierto que sobran paredes por todas partes. Casi todos los departamentos chicos tienen paredes de más; por ejemplo, la que está ubicada entre una minicocina de 1,50 de ancho y un miniliving de 2,80. Es una pared que corta en dos la función única, comer-cocinar, interrumpiendo el diálogo y fracturando la más importante ceremonia de la vida familiar, que es la comida. "Sí, sí, claro... ya lo pensé... pero si sacamos la pared las visitas verían los platos!", suelen argumentar las dueñas de casa, sin advertir que la abstracta "visita" es siempre su amiga, la misma que después le ayudará a lavar los platos que quiere ocultar.

La fantasmal "visita", alrededor de la cual nuestra clase media organiza su incomodidad cotidiana, es culpable también del pasillo, ("hall íntimo", según los eufemismos inmobiliarios) que comunica los dormitorios con el baño. Ese pasillo, totalmente lógico en viviendas de 80 metros cuadrados o más, es absurdo en departamentos de superficies mínimas (menos de 65 metros cuadrados). "Es para que cuando hay una persona enferma y una visita al mismo tiempo, esta no la vea pasar al baño" (! !)

Hay proyectos construidos (y premiados!) para conjuntos FONAVI, compuestos por centenares de viviendas económicas, que proponen metros y metros de estas paredes inútiles... pero eso sí, el baño y la cocina deben estar pegados, para ahorrar cañerías. El famoso "núcleo húmedo", es uno de los dogmas indiscutidos que rigen la enseñanza de la arquitectura, aún a costa de desorganizar el espacio y aunque ese

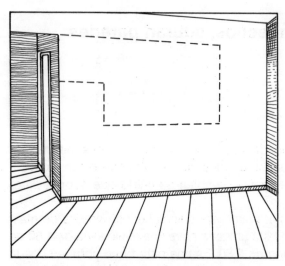

La pared del prejuicio

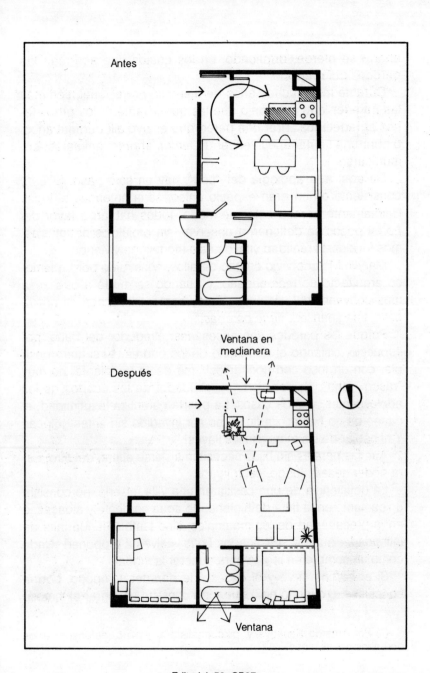

ahorro se pierda, duplicado, en los costos que acarrean las paredes del prejuicio.

Durante mis muchos años de ejercicio profesional, son más las paredes que tiré abajo que las que levanté. Y los propietarios agradecidos. Tirar una pared que estuvo allí durante años, o abrir una ventana, es vencer un temor, abrirse, animarse, comunicarse.

De aquí a la apología del *"Loft"*, hay un solo paso. El *Loft*, consistente en un gran espacio único, sería entonces el ideal. Ultimamente parece estar de moda, todos hablan a favor del *Loft* y pocos se detienen a observar, sin prejuicios ni entusiasmos frívolos, la realidad vital de este modelo de vivienda.

Marylin Monroe vivió en uno de ellos, construido por un famoso arquitecto norteamericano, y cuando se mudó a otra casa más convencional, declaró: "Estoy contentísima con mi nueva casa, imagínense... *tiene paredes*!"

Porque las paredes son necesarias: alrededor del baño, por supuesto, aislando el dormitorio de los padres ("y si fuera posible, con un foso con cocodrilos!" me decía un cliente, no muy "rascovkiano" (*), por cierto...), alrededor de los cuartos de los adolescentes, y otros casos. La puerta garantiza la intimidad, el deseo de no hablar, en fin, el no ser invadido sin antes golpear. Y ni hablar de las maravillosas llaves!

Aún las parejas sin hijos necesitan aislarse el uno del otro, para poder desear, luego, estar juntos.

La deficiencia de una casilla en una villa miseria, no consiste únicamente en la falta de higiene, de agua corriente y cloacas, o en la precariedad de los materiales, sino también en la falta de intimidad... que los sofisticados *Lofts* vuelven a proponer! ¡Nada como un nombre en inglés para generar la moda!

Si el *Loft* no sirve y el exceso de paredes tampoco, podría concluírse, (¿cuando no?) que todo consiste en lograr el famoso

(*) Por Arnaldo Raskovsky, psicoanalista argentino, defensor de los derechos de los niños.

"justo término medio". No creo que sea esa la conclusión acertada. La causa de la contradicción radica, a mi juicio, en la falta de creatividad que predomina en la sociedad, cuya alternativa suele oscilar entre copiar el *Loft* porque está de moda y viene de "Allá", o copiar la clásica casita burguesa de 120 metros cuadrados, reducida por un jíbaro a 50 metros cuadrados. Ni el *Loft* ni la distribución clásica están equivocados, considerados en sí mismos. El error consiste en transportar el modelo a situaciones diferentes.

¿Cuál es, entonces, el modelo acertado de organización espacial? Hay modelos tipificables, pero cada presupuesto, cada familia, cada clima y cada situación, contienen, como el bloque de piedra contiene a la estatua, al modelo óptimo.

Se trata de preparar el escenario más adecuado para las conductas felices, y hacerlo sin prejuicios, sin temores y sin modelos en inglés.

Las conductas tienen límites, que las estimulan y las condicionan. Y la arquitectura es, en definitiva, la sabia ubicación de esos límites.

No te pierdas el ahora

... Yo fuí una de esas
personas que vivió
sensata
y prolijamente cada
minuto de su vida;
claro que tuve
momentos de alegría.
Pero si pudiera volver
atrás,
trataría de tener
solamente buenos
momentos.

*Por si no lo saben, de
eso está hecha la vida,
solo de momentos; no
te pierdas el ahora...*

Extractado del poema "Instantes"
erróneamente atribuido
a J.L. Borges y de autor desconocido.

Existen dos arquitecturas: la de los grandes ejemplos que figuran en los libros, perlas aisladas que provocan la admiración y la polémica entre los arquitectos y aquella otra arquitectura cotidiana, imperceptible casi para los teóricos, los congresos y las revistas especializadas, que es donde vive la gran mayoría de las personas.

Esta arquitectura cotidiana es reformada frecuentemente para adaptarla a los habitantes, que se renuevan, o a los cambios en sus costumbres, sin que esas obras queden registradas en las estadísticas de construcción y sin la intervención, en la mayor parte de los casos, de los arquitectos. La mayoría de estas reformas están aceptablemente bien ejecutadas desde el punto de vista constructivo: podría deducirse, por lo tanto, que los arquitectos son prescindibles. Sin embargo, lo que suele fallar es el diagnóstico, es decir, la base de las decisiones importantes con respecto de la organización del espacio; porque los albañiles, como es lógico, se limitan a ejecutar lo que el cliente pide, que no suele coincidir con lo que el cliente realmente quiere.

Esta decodificación, el diagnóstico, es, a mi juicio, el aporte más importante que debe realizar el arquitecto a su cliente y constituye la esencia, la clave del proyecto.

Muchos de estos casos son tipificables. Hoy me referiré a uno de ellos porque del mismo pueden extraerse reflexiones interesantes, no solamente sobre arquitectura, sino también sobre lo que ésta termina siempre por reflejar: una determinada forma de encarar la vida.

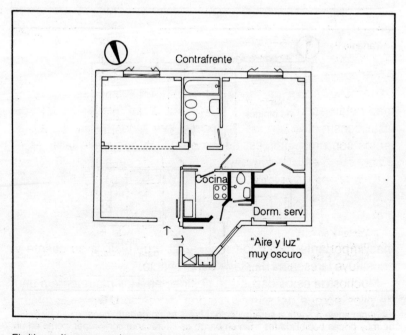

El sitio: en línea oscura las paredes que sobran (Dorm. de servicio). Altura de los techos: 3,20 m.

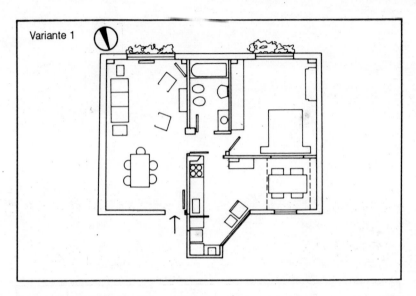

Variante 1

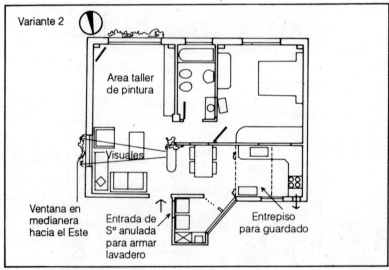

Variante 2

Area taller de pintura

Visuales

Ventana en medianera hacia el Este

Entrada de S° anulada para armar lavadero

Entrepiso para guardado

La gente suele advertir a su arquitecto: Mirá... es un departamento muy chico, tiene muy pocas posibilidades". Sin embargo es interesante comprobar, como en un caso como este ("dos ambientes con dependencias de servicio" en el lenguaje inmobiliario), existen varias soluciones posibles, una de ellas, la N° 3, anulando la

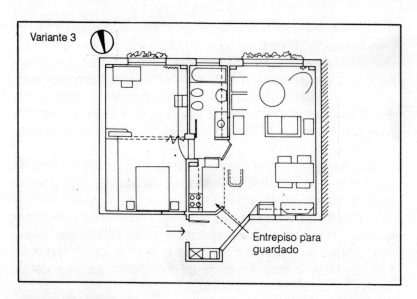

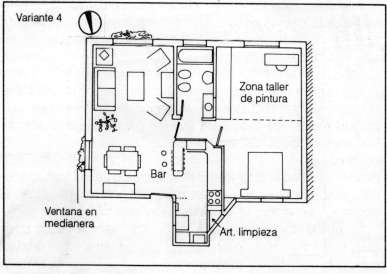

entrada principal (podría quedar la puerta del lado exterior, para no discutir con el consorcio) y entrando por la entrada de servicio. Los propietarios optaron por la variante Nº 2, obteniéndose sol de mañana en la cocina, antes condenada al oscuro pozo de "aire y luz".

Se trata del modelo "departamento antiguo compacto", habitado por un matrimonio sin hijos, o con hijos grandes y sin mucama "con cama adentro". Estos departamentos suelen tener un minicuarto de servicio (más chico todavía que los actuales!) con su correspondiente minibaño, en el cual, por descontado, la ducha cae exactamente sobre el inodoro; todo el sector está incrustado dentro del espacio que, en rigor, debería corresponder a la cocina.

Los dueños (imaginemos en este caso a un matrimonio de cincuenta y tantos años de edad) no se atreven a tirar abajo esas paredes porque -argumentan- "el día de mañana, si llegamos a vender el departamento, sin cuarto de servicio valdría menos, se desvalorizaría". Los agentes inmobiliarios suelen avalar esta suposición. Para ellos todo lo que sea "dividido" vale más, aunque resulte compartimentado en cuadraditos oscuros, del tamaño de una baldosa...

Y es así como este matrimonio vive 15, 20 o más años padeciendo una cocina oscura e incómoda, con escasa mesada, esquivando decenas de veces al día el inodoro de servicio que sólo se usa para apoyar encima el changuito de las compras. Hasta que, finalmente, un día venden el departamento.

Los nuevos dueños me contratan como asesor para adaptar la casa a sus necesidades y, entre las cosas que me dicen, anoto: "Queremos una casa para vivir, no para mostrar. Queremos luz, amplitud, color, calidez, comodidad".

Como ya lo estará suponiendo la lectora (¿por qué siempre "el lector"?...), el minisector de servicio injertado adentro de la cocina, caerá en pocas horas bajo la piqueta y "se hará la luz", el espacio y la comodidad, hasta entonces reprimidos.

No puedo dejar de advertir, con pena, frente a casos como este, que los dueños anteriores soportaron tanta incomodidad, durante tanto tiempo... para nada!.

Pienso que esas paredes inútiles estaban sostenidas por algo más que por ladrillos. Estaban sostenidas por el temor. Por el temor a vivir el presente. Por el temor a un futuro que nunca llegó.

Por no haber comprendido a tiempo aquella frase de John Lennon: "La vida es lo que nos pasa mientras hacemos planes".

Hagamos planes, sin embargo, pero no planes minúsculos basados en el temor. De lo contrario viviremos encerrados entre las paredes que nosotros mismos construímos, o aceptamos.

Los ricos pobres

Frecuentemente se publican en los diarios de Buenos Aires avisos ilustrados con planos de lujosos departamentos, ubicados en el barrio de Belgrano, o en la avenida Libertador, de 300, 500 y aún 900 metros cuadrados de superficie, destinados a "unos pocos elegidos", y dotados de sofisticaciones varias, tales como "sauna", "portero-visor", varias cocheras por piso, etc.

El precio de estos superdepartamentos oscila entre los 200.000 y 800.000 dólares por unidad.

Es sorprendente comprobar que, a pesar de estos lujos, el lujo esencial de la arquitectura, que es el espacio amplio y generoso, las visuales atrayentes, los recorridos interesantes y la sensualidad en la conformación de los ambientes, no se ofrece casi nunca a nuestros millonarios nativos, quienes parecen conformarse con una vulgar "propiedad horizontal", solo que algo más complicada y tortuosa que las comunes.

Observando los planos, o, cuando existe la posibilidad de hacerlo, recorriendo los departamentos, nos encontramos casi siempre con bañaderas tamaño estandar, de 1,50 metros, penosamente encerradas entre paredes "azulejadas hasta el techo" (un dudoso mérito tradicionalmente atribuído a los baños por los agentes inmobiliarios) y con ventanucos miserables a través de los cuales resulta imposible gozar de la vista hacia el exterior, donde se extiende, por lo general, el horizonte arbolado de Palermo o el río de la Plata.

También los pasillos suelen ser equivocadamente largos, estrechos y oscuros. Jamás un hidromasaje en un ambiente de

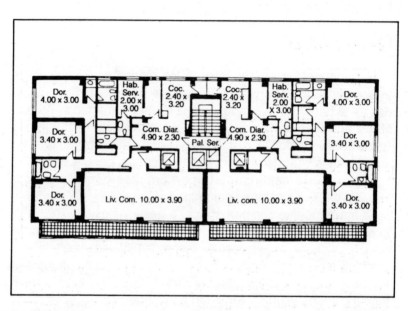

Publicidad del depto., publicada en los diarios: todo un criterio de valoración de la arquitectura.

"Todo el Botánico en una torre. Excepcionales semipisos. Lafinur 2941 (casi esq. Las Heras).
Una torre de 18 pisos en una zona privilegiada. Semipisos de 220 m^2. Con ambientes externos, amplios ventanales y luz natural. Detalles de gran confort y calidad constructiva. Moderno hall de entrada. 3 ascensores (dos privados y uno de servicio). Paliers privados. 3 dormitorios con moquette. Dormitorio en suite. Dependencias de servicio. Living comedor con moquette. 3 baños con pisos de mármol tipo menfis totalmente azulejados. Amplia cocina y comedor diario con pisos cerámicos. Anafe de 4 hornallas y horno empotrado. Mesada de granito negro. Bodega privada. Carpintería de madera lustrada. Carpintería metálica de calidad. Herrajes de bronce platil. Cerraduras de seguridad. Antena colectiva de T. V. Calefacción por losa radiante, con caldera individual para la provisión de agua caliente. Portero visor. Equipo electrógeno"

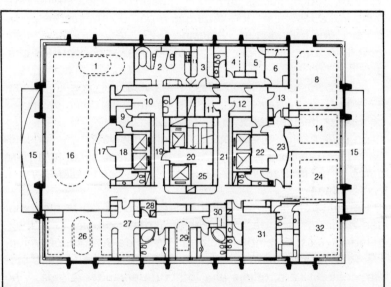

Planta general: 1, comedor; 2, cocina; 3, lavadero; 4, 5 y 6, habitación de servicio; 7, balcón; 8, escritorio padre; 9, guardarropas; 10, office; 11 y 12, depósitos; 13 antecámara; 14 escritorio madre; 15, terraza; 16, estar; 17, antecámara; 18, hall; 19, alacenas y freezers; 20 palier de servicio y baulera; 21, bodega; 22, hall; 23, recepción íntima; 24, escritorio hijo; 25, baulera; 26, suite principal; 27, antecámara; 28, closet; 29, vestidor; 30, sauna; 34, suite huéspedes; 32, suite hijo.

Remodelación del piso 24 en la torre residencial recientemente inaugurada en Av. Alvear y Parera. Según la nota publicada en Clarín, sección arquitectura, del 7 de abril de 1989, sus habitantes son 3: el papá, la mamá y un hijo. 32 ambientes para 3 personas, autodestinadas a recorrer un pasillo de unos 50 metros de largo para cambiar de ambiente.
Superficie total: 650 m². Costo de la remodelación unos 500.000 dólares, sin incluir el costo del departamento.

5x5, entre plantas y con vista al río, por ejemplo, o un cuarto de vestir que supere al mísero pasillo de 90 centímetros de ancho, flanqueado por placards. ¿Por qué no un verdadero *cuarto* de vestir, con ventana, espejos, sillas y cómoda, como había en las casas lujosas de principios de siglo? No señor, el criterio de propietarios y arquitectos parece ser: muchos metros cuadrados, quizás una gran "recepción", para impresionar a los invitados, pero todo lo demás repartido en muchos pedacitos, todos basados en el clásico "3x3" de la propiedad horizontal, y enhebrados por un largo pasillo que conecta los cuadraditos entre sí.

¿Acaso nuestros ricos locales nunca vieron el programa de televisión "Ricos y famosos", donde se muestra como viven sus colegas norteamericanos, o la serie "Dinastía"?.

En esas casas reina el mal gusto algunas veces y la ingenuidad en otras, es cierto, pero saben utilizar su dinero para darse el gusto. Para habitar sus casas con sensualidad y con comodidad.

En nuestros ricos, en cambio, se observa cierta mezquindad en la manera de organizar el espacio propio. Esta mezquindad ¿existirá también en otras áreas de su comportamiento?. Porque a menudo he podido comprobar que la casa propia, como la cara, refleja una forma de entender la vida, y no solamente un presupuesto o un determinado "gusto" estético del propietario.

En varias ocasiones me ha tocado reformar este tipo de departamento y en todos los casos tuve que tirar paredes en abundancia. Hice menos lugares pero mejores.

Es curioso comprobar que sobran paredes, tanto en los departamentos modestos como en los más lujosos.

Con todas las paredes que sobran en Buenos Aires, y sin contar las que nos separan del río y de tantos y tantos terrenos baldíos insensatamente cercados, se podría haber construído otra ciudad, calculo, de unos 400.000 habitantes, con menos paredes y, posiblemente, con un poco más de felicidad.

Ernst Neufert, el innombrable

Si es usted arquitecto/a, seguramente sabe quién es Ernst Neufert, y casi podría afirmar, además, que su libro "El Arte de Proyectar en Arquitectura", figura en su biblioteca, lo consulta con frecuencia, pero, eso sí, jamás, pero jamás!, será citado en artículo o libro alguno. El reinado de Neufert es real, pero tan oculto y misterioso, que ni siquiera se menciona su nombre en las conversaciones entre colegas.

Pero... ¿QUIÉN ES ERNST NEUFERT?, ¿qué dice su libro?, se preguntará a esta altura el lector no arquitecto, a quién empiezo a contestarle de a poco, que es la forma como deben develarse los misterios.

¿Alguna vez, lector o lectora, se preguntó usted por qué razón el arquitecto que diseñó su casa no "le dió" tan sólo 50 centímetros más al comedor diario? o por qué no queda espacio disponible para pasar, entre el placard y los piés de la cama, cuando coloca allí el televisor?, o por qué son tan estrechos los pasillos, o por qué la ducha cae justo sobre el inodoro en el baño de servicio? Un comercial del Banco de Galicia, mostraba con humor algunas de estas situaciones, tan comunes en nuestras casas. La primera respuesta posible sería, seguramente, la cuestión de la economía, como causante de tales estrecheces, pero no es así porque estas mezquindades espaciales existen también en viviendas grandes y aún lujosas.

Los baños de 1,55x2,10 parecen ser una norma nacional, independiente de los recursos económicos de los propietarios, y cuando son más grandes, los dividen con tabiques internos.

Pues bien, señor propietario, ha llegado el momento de acusar a Ernst Neufert como autor intelectual de tales perversiones. Al fin y al cabo ya ha muerto y no podrá defenderse...

Y ahora sí, saben que dice su libro?. No dice nada. Son todas figuritas con medidas. Medidas de qué? De *TODO*. Neufert lo midió *TODO:* pasillos, mesas, gallinas, lechones, camisas, camas, botas, señores concentrados en inodoros, ómnibus, aviones, cucharas, trenes, y todo aquello que usted se atreva a imaginar... menos televisores, porque no estaban inventados todavía cuando este ingeniero alemán, un tanto obsesivo, escribió su libro. De allí que, al no existir entonces (década del 30) tales aparatos, resultaba algo menos incómodo el escaso espacio entre los piés de la cama y el placard, espacio que, algunos arquitectos distraídos, siguen copiando hoy.

¿Cabe o no cabe?

Es normal entrar a un estudio de arquitectura y escuchar diálogos como el que sigue, entre dos dibujantes inclinados sobre sus tableros de dibujo:
—"Che... comedor diario... 2,10, ¿está bien?"
—"Y sí... tenés 55 y 55 de sillas, más 80 de mesa, en 1,90 también cabe!".

Y esa palabrita, *Cabe*, va decidiendo subrepticiamente los dibujos que luego serán paredes organizadoras o desorganizadoras de la vida. Nadie en su sano juicio podría sostener que el libro de Ernst Neufert, "El arte de proyectar...", habla de filosofía; sin embargo, toda técnica contiene una concepción del mundo, en la cual descansa, aunque el mismo autor lo ignore. La visión de Neufert es una visión antropométrica del hombre. Hay que tener en cuenta, en su descargo, que la psicología prácticamente no existía cuando él escribió su libro. En esa época Sigmund Freud estaba haciendo apuradamente sus valijas para irse a tiempo de Austria, y el positivismo estaba en pleno auge; una concepción filosófica que aún tiene vigencia, como bién lo expresó Ernesto Sábato: "Ya muy pocos se preocupan del hombre de carne y hueso, excepto los artistas, la policía y algunos pensadores irónicamente mirados por los científicos".

Volviendo a la escena de los dos dibujantes, sus tableros se van llenando de pequeños desniveles dibujados en los planos, muebles, canteros, tabiques... nunca un espacio vacío. Una

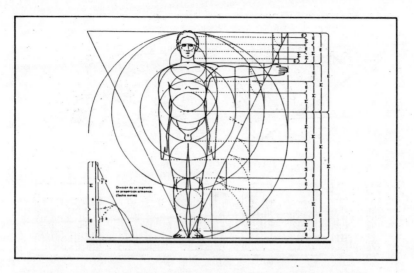

Tapa del libro de Ernst Neufert, "El ARTE DE PROYECTAR EN ARQUITECTURA".

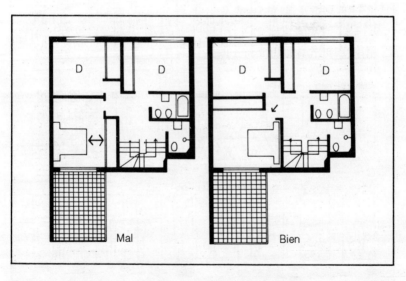

Corrección del dormitorio de los padres en una casa en Martínez (Pcia. de Buenos Aires). Casi sin modificar las paredes, se logró un dormitorio con espacio delante de la cama; de paso mejoró la aislación con el dormitorio de los hijos.
Proyecto del autor.

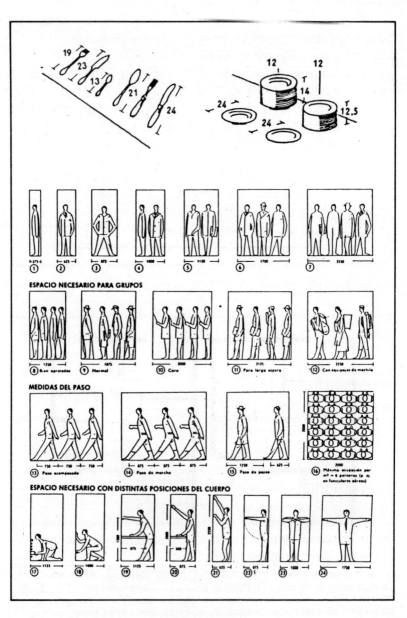

Algunas ilustraciones del libro de Neufert.

suerte de horror al vacío (el mismo que padecen los intendentes frente al verde de las plazas) los invade y la pregunta permanente es: "¿Qué podríamos poner allí?". *No suele comprenderse el inapreciable valor de los espacios vacíos, ni en la casa ni en la ciudad.* Las raíces de esta cuestión podríamos encontrarlas, en parte, en la enseñanza de la arquitectura, donde predomina todavía el positivismo filosófico, aunque, justo es reconocerlo, convive con posiciones mucho más humanizadas, que intentan abrirse paso entre esta concepción y el postmodernismo, superficial y frívolo, para el cual la estética y el habitat mismo se reducen a la fachada. Veamos, sino, el superpublicitado Banca Nazionale del Lavoro, en Florida 40 (Buenos Aires); espectacular fachada... pero nadie se acuerda ni parece interesarse por la organización interior, o por cómo lo pasarán los bancarios y el público en el lado de adentro. Sólo importa la fachada.

También en medicina los estudiantes comienzan la carrera estudiando cadáveres y luego, recién al finalizar sus estudios, ven enfermos, por lo general aislados del contexto social que los enferma.

Neufert no tiene la culpa

Y es así que Neufert, el obsesivo, empieza a ser comprendido; al fin y al cabo, debo reconocerlo, yo también lo consulto de vez en cuando... Creo que el daño que produjo —y produce— en nuestra arquitectura vernácula, se debe más a la formación de quienes lo tragan entero, con filosofía y todo (digamos, sin separar las espinas del pescado) que a su libro.

El comportamiento humano, esencia misma de la arquitectura, no se compone de medidas, sino de escenas; más que de escenas, de *ceremonias*. Hacer el amor, comer en familia, bañarse, entrar a una casa, y cocinar, ocupan un espacio físico, es cierto, pero ocupan también el espacio psicológico en el que siempre se desenvuelven nuestras ceremonias cotidianas. Y de esas ceremonias, está hecha la vida.

Los grandes desinventos de este mundo

(Divagaciones de un diseñador de casas)

El diseño de los autos se perfecciona día tras día, quién puede dudarlo. Sus perfiles "penetrantes" y "agresivos" cabalgan el viento y compiten en elegancia con los mejores bailarines, con elegantísimos tigres, toreros y caballos maravillosos. Cada detalle es pensado hasta la exasperación: desde la mínima falangeta hasta la última vértebra de nuestra acariciada anatomía encuentra su apoyo justo, tan voluptuoso como la lenta retracción de los faros o el ritmo preciso de los limpiaparabrisas traseros, regulados por computadora.

Opuestamente, muchos objetos con los que debemos enfrentarnos en la vida diaria mantienen errores de diseño que siempre me han intrigado. Por ejemplo, las *ventanillas de los bancos* y de cuanta contaduría existe en el país. ¿Por qué misteriosa razón el agujero redondo que tiene el vidrio para poder hablar con el cajero no coincide jamás con el nivel de nuestra boca, cualquiera sea la altura de uno? Es inútil empinarse o agacharse en la actitud característica de tomar agua en un bebedero de plaza: cola proyectada fuertemente hacia atrás, cara extendida hacia adelante. De nada valdrán nuestras humillaciones posturales. Jamás coincidiremos con el agujero.

Otro caso curioso son las *tablas de los inodoros con depósito a mochila*, que se resisten a quedar apoyadas en el depósito. Eso nos obliga a los hombres a ocupar ambas manos en un gesto tan desairado como es el de sostener la tabla con una mano para que no se caiga, con el cuerpo extendido hacia adelante, y con la otra mano orientar el chorrito cotidiano.

La lista de diseños misteriosos sería larga, pero no debiera dejar de mencionar *los controles del bidet*, ubicados en dirección contraria a la proyección natural de los brazos y de la vista, caso muy similar *al cierre de los corpiños femeninos*. En este último caso, a esa dificultad se le agrega otra, y es el tamaño minúsculo de los broches. Aún las personas bien entrenadas tenemos dificultades para abrirlos; aunque en definitiva sólo se produzca una demora mínima, de algunos segundos, se trata de una interrupción "técnica" que corta el fluido transcurrir del proceso. Se conocen casos en que interrupciones técnicas prolongadas han obligado a los participantes a empezar todo, otra vez, desde el principio.

Los *corchos de champagne* también parecen preparados, últimamente, para humillar al sexo masculino; se niegan a salir con una presión menor a los ciento veinte kilos... ¡y en sentido giratorio!

Y termino esta breve lista de *misteriosos casos de sadismo en el diseño de objetos,* con las ventanas de los colectivos, cuyo diseño se hizo respondiendo a estudios y normas dictadas por la Municipalidad de Buenos Aires. ¿Cómo es posible que las ventanillas tengan una división horizontal *justo a la altura de los ojos* de los pasajeros que viajan sentados, privándolos del modesto entretenimiento —en medio de tanta incomodidad— de mirar hacia afuera?

Los grandes desinventos

Hay otros objetos cuyo diseño, que ofrecía probadas ventajas, *fue modificado y empeorado, contrariándose así la creencia generalizada de que todo lo que viene después es un avance con respecto a lo anterior, por el solo hecho de ser posterior.* Claro, si el mundo progresa (¿progresa...?) es natural que sea así; mejor dicho, *debe* ser así. Por eso les cambiaron el nombre a los países subdesarrollados, por el muy hipócrita *"en vías de desarro-*

llo"; no importa que las cifras descendentes, publicadas por los organismos internacionales, demuestren todos los días una realidad opuesta.

Veamos otros casos de desinventos. *Los ascensores* cerrados son un ejemplo evidente. Antes uno veía el trayecto vertical por donde se movía y tomaba, por lo tanto, conciencia de la velocidad y de la aceleración. Esta necesidad de ver es ancestral; por algo pedimos siempre el asiento de la ventanilla. No ver lo que pasa provoca ansiedad, y ni hablar cuando el ascensor se detiene entre dos pisos. Estos problemas no se planteaban con los ascensores antiguos, con puertas de hierro tipo fuelle.

Pero además, las nuevas puertas suelen ser automáticas, siempre a punto de atraparnos; y con memoria, por lo general descompuesta y convertida en una especie de ascensorista loco, electrónico, que nos lleva por donde quiere y nos obliga a tratar de sorprenderlo distraído para poder escaparnos en un piso cualquiera poniendo "cara de nada"... No vaya a ser que nos consideren un "payuca"...

Otro conocido desinvento son los botones en los pantalones masculinos, reemplazados por los cierres relámpago. Antes, cuando perdíamos un botón no pasaba nada, y cualquier señorita o señora de buena voluntad contaba con los medios y los conocimientos necesarios para solucionar el problema al día siguiente. En cambio ahora, si se nos llega a atrancar el cierre en el momento en que está bajado, deberemos retirarnos inmediatamente de la reunión, cubriéndonos el desperfecto con un diario y sonriendo forzadamente como Peter Sellers, en aquella memorable escena de "La fiesta inolvidable"...; salvo que el Automóvil Club habilite un servicio especial de urgencia, para socios (sin grúa).

Menos común, aunque de consecuencias peores, es el accidente que consiste en "cierre de traje de baño atrancado en la puntita del apreciadísimo órgano que éste oculta". Debo confesar que una vez me pasó, y acudieron en mi ayuda mi ex mujer, Mónica Müller, y mi entonces secretaria María Celia Verlini. Yo estaba aterrorizado y nadie atinaba a decidir en qué dirección había que tirar el cierre. Casi tuvimos que embarcarnos en un taxi y someterme después a la terrible humillación de atravesar la sala de espera del Sanatorio "EL SAGRADO CORAZON DE JESUS", en tan absurda situación, auxiliado por las dos santas mujeres, que pueden dar fe de la veracidad de mi terrible accidente. Aclaro que la cosa se resolvió sin necesidad de ir a la guardia, *que no hubo daños permanentes* y que desde entonces ese tipo de operaciones las realizo con un cuidado infinito.

Avisos nuevos para cosas viejas

La publicidad y el mito del progreso técnico han deformado nuestra percepción de tal manera, que es el orden cronológico de su aparición en el mercado y no sus cualidades verdaderas lo que determina la valoración de un objeto determinado. Para ejemplificar esto, imaginemos qué sucedería si este orden temporal fuese alterado. He aquí algunos ejemplos de la publicidad posible:

Fósforos: "¡Adiós a los viejos encendedores! ¡Este revolucionario invento no precisa de combustible alguno, funciona con una simple fricción sin mecanismos! ¡Son más baratos, desechables, y su pérdida o extravío jamás le causará el disgusto equivalente a perder un Dupont de oro!

Escalera fija: "Como suele ocurrir con todas las grandes invenciones de la humanidad, la idea básica de este original tipo de escalera es extremadamente simple; consiste en que los escalones permanecen fijos, mientras que lo que se mueven son las piernas y los pies de las personas que las utilizan. Además de la obvia reducción de costos, en comparación con las escaleras mecánicas, esta novedad permitirá a los usuarios hacer un saludable ejercicio. Si es repetido con la frecuencia necesaria, fortificará los músculos y pulmones, ahorrando el tiempo y el dinero que en la actualidad se dedican a realizar esos mismos esfuerzos en los complicados aparatos de los gimnasios modernos, adonde se ve necesitada de concurrir la gente debido a la

inmovilidad malsana que provocan las escaleras mecánicas."
"Se ha comprobado que en muy poco tiempo los mecanismos motores del cuerpo humano se adaptan al nuevo movimiento y éste se vuelve completamente automático. El conocido escritor Julio Cortázar se anticipó a este invento y escribió el cuento de ciencia ficción "Instrucciones para subir una escalera", que la ciencia hoy ha convertido en asombrosa realidad."

La fealdad obligatoria

Sí... los autos, y sólo los autos, son divinos y perfectos. ¡Hasta tienen rico olor, olor a nuevo! Los colores de los tapizados, la exacta curva de la aleta trasera, especialmente diseñada para ahorrar un gramo de nafta cada medio litro, en fin, todo es tan perfecto como el slogan: "Usted nunca imaginó que algo superior podría existir."

En cambio los departamentos de propiedad horizontal, que son el envase familiar de más de la mitad de la gente que vive en las grandes ciudades, ostentan el extraño privilegio de haber desinventado el patio, ¡al suprimirle nada menos que el piso, el aire y la luz...! Curiosamente, esos patios de 3 x 4 son conocidos como patios... ¡de aire y luz...! No puede evitarse la comparación de esta forma de nombrarlos, con la que se utiliza para nombrar a los países subdesarrollados: "países en vías de desarrollo". La costumbre de designar las cosas por lo contrario de lo que realmente son, parece ser un recurso que apela al pensamiento mágico, completamente vigente en una cultura que se considera a sí misma como moderna y tecnificada. La magia consiste en creer que algo será de una manera simplemente por nombrarlo: fuerzas de *pacificación*, proceso de *reorganización*, operación de *limpieza* (suelen ser terriblemente sucias...) y muchos ejemplos más; algunos de extremo horror, como fue pintarle el nombre de "Little boy" (pequeño niño) a la bomba atómica que destruyó Hiroshima (lo menciona Tomás Eloy Martínez en una de las crónicas de su excelente libro "Lugar común, la muerte"). Si observamos la ciudad, no podemos dejar de preguntarnos por qué pavimentan las plazas, que antes se hacían con pasto, árboles y caminitos, y por qué ese pavimento es siempre gris, sin colorantes (Plaza Houssay, entre otras); por qué mezclan horribles bustos de cemento —ya sin hombros, pronto sin orejas— con ventilaciones de playas de estacionamiento subterráneas (Plaza Lavalle), formando conjuntos por completo inarmónicos y antiestéticos.

¿Por qué se permite construir edificios que arruinan la perspectiva de otros, más valiosos para la comunidad, como es el caso del Congreso Nacional, detrás del cual ha crecido una torre comercial? Ni qué decir de las innumerables medianeras que afean todas las avenidas de nuestras ciudades, condenando a la oscuridad, además, a los que viven del otro lado, durante décadas y décadas.

¿Será que la propuesta final consiste en que todos nos vayamos a vivir a los autos?

A juzgar por la extrema felicidad que ostentan en los avisos los que por fin "alcanzaron" el cero kilómetro, quizá no sería mala idea. Pero eso sí, lo quiero con comedor diario y baño completo. Es decir, que acabo de reinventar la casa rodante... Es que al cabo de tantos desinventos, empeoramientos y cuestionamientos, uno se marea...

Así que mejor, por ahora termino aquí. Esta máquina de escribir me está complicando la vida y ya tengo ganas de inventar la pluma de ganso.

La rusticidad perdida

Las pocas personas que hoy pueden hacerse una casa, ubicadas dentro de un cierto sector de la clase media, se parecen bastante entre sí. Tienen poca plata, pero para compensar el inconveniente están completamente dispuestos a aceptar terminaciones y materiales rústicos, tales como pisos de baldosa, revoque a la bolsa y mesada de cocina de madera, o de baldosa también.

Sin embargo, cuando la obra se acerca a la etapa de los revestimientos, surge la duda: "*Estuvimos pensando...* (dice el cliente) *la baldosa se mancha mucho... ¿cuánto más saldría revestir todo en cerámico? Total, ya que estamos en el baile..*". Y todo termina revestido en cerámico, del piso al techo; y los revoques serán de yeso. Algunos años más tarde, el mismo cliente nos encarga la casa del country. "*Allí sí, todo bien rústico*", nos dice, completamente decidido.

Pero la historia se repite. La suciedad, las manchas; la limpieza, ese fantasma que flota en forma permanente sobre las amas de casa, agitado hasta el paroxismo por infinitos avisos publicitarios, termina por imponerse, y nuestros clientes postergan, una vez más, la siempre ambicionada —y temida— rusticidad.

Hasta que se presenta el tercer intento: la parrilla en el country: "*Me había olvidado de decirle: quisiera una parrillita en el fondo; hágame un dibujito así nomás*", es el primer paso. En realidad, un hombre argentino sin parrilla, o sin auto, es un ser incompleto, un hombre amputado. Es un hecho que el asado del domingo es un rito nacional.

Algunas semanas después del inicio de la "gestión-parrilla" empieza el "efecto de corrimiento gradual", que suele producirse durante la elaboración del programa de necesidades de una casa. Este asunto entre cliente y arquitecto, capítulo que, por otra parte, no se estudia en las facultades de arquitectura, parece no tener fin. La cosa es así: a la parrilla le sigue "*una piletita*", y después "*una pequeña mesada*", "*una heladerita, como para tener bebidas frías*", y "*un techito, por si me agarra la lluvia cuando estoy haciendo el asado*".

Cuando el supuesto "techito" se extiende hasta albergar la mesa familiar, acaba de nacer *el quincho*. ¿con piso de ladrillo?: ¡Por supuesto! "Pero, sin embargo, la grasa...". Y volvemos al cerámico. La última etapa es *cerrar el quincho con puertas-ventana, hecho equiparable a techar el patio, verdadera obsesión de los porteños criados a departamento. Cuando se vuelven a encontrar con un patio, lo desinventan*.

¿Qué es un quincho?

Un quincho es la cocina-comedor, donde todos se encuentran más cómodos y adonde terminan por llevar a sus invitados. Los mismos invitados para los cuales se perpetró el costoso e inútil comedor del frente, con piso entarugado, donde jamás puso el pie la famosa *visita*, abstracta e inexistente, como no sea en la temerosa y atribulada fantasía de nuestra clase media.

Cuando a fines de 1984 el presidente Alfonsín invitó a comer a comer a miembros del Gobierno y a gremialistas en la quinta de Olivos, durante un fin de semana, se trasladaron todos, finalmente, al quincho presidencial y fue allí donde, según contaron los cronistas y los mismos protagonistas, *la comunicación entre los presentes se hizo más clara y directa*. Junto con las corbatas y los sacos cayó la solemnidad, que es siempre una máscara, porque sirve para tapar. Ambos *envoltorios de la conducta, ropa y arquitectura*, se hicieron coherentes, y todo mejoró. Y si es así, si a todos nos gusta estar en el quincho, *¿por qué no enquinchar el mundo?* En realidad el mundo ya venía enquinchado y nosotros lo desenquinchamos, costosamente.

Así como la rusticidad parece inalcanzable en las casas, lo es también en las ciudades (asfaltamos las plazas y le "ganamos al río"), en el país y en el continente, durante el veraneo. Pienso en los cámpings iluminados por lámparas portátiles de tubos fluorescentes, o en los televisores, portátiles también, horadando el encanto de la noche en los muelles del *Tigre*. O en las playitas salvajes, lejanas y doradas, que algunos argentinos invaden cada diez años. El último descubrimiento (década del '80) fue *Camboriú*, en el sur del *Brasil*, una pequeña bahía que ya fue cercada por medianeras y torres con télex, sauna y comercios interiores para que no sea necesario *salir: ¡es decir, ir a la playa que motivó el viaje!* En una de esas torres un enorme cartel anuncia, entre los consabidos "cerámicos hasta el techo" y "antena colectiva de TV", sobre la terraza del edificio, una "churrasqueira" (parrilla) *"coberta"!*. A 3.000 kilómetros del country, en plena naturaleza tropical, se perdió, una vez más, la rusticidad ambicionada.

Hace 14 años, cuando organicé con Rosa Acosta y Roberto Burlando, los primeros grupos de aerobismo en Palermo, mucha gente se resistía a tirarse en el pasto, para no mancharse; algunos extendían plásticos antes de echarse en el suelo. Entonces, yo tocaba el pasto (o el barro) con las manos y les decía: *"Todo el planeta está forrado de pasto y de tierra. La tierra no es siempre suciedad; ésta es la famosa TIERRA, el planeta que habitamos, el único que tenemos"*. Se reían, algo sorprendidos al principio, pero terminaron todos corriendo bajo la lluvia y gozando del contacto con el mundo natural, el poquito que queda adentro de nuestras grandes ciudades.

Pero esta incomprensión de lo rústico (del latín rusticus, relativo al campo) va todavía más lejos, tanto, como para prohibir, en la mayoría de los "countrys", por reglamento, el cultivo de huertas individuales. Es decir, que en el "country", que significa "campo", se prohibe... el campo!!. También suele prohibirse en los countrys el cultivo de determinadas plantas sin prestigio europeo, como bananos y otras especies calificadas como "yuyos", por el lamentable error de ser oriundos de esta tierras. Pero este asunto excede el tema de este capítulo, la rusticidad inalcanzable, y se acerca a otra cuestión más general, como es el concepto mismo de *cultura*, cuya raíz, casualmente, es la misma que la de *cultivo*...

Volviendo a las casas, los clientes que aceptaron la cocina-comedor grande en sus casas, las terminaciones rústicas y el patio sin techo, están encantados.

Creo que el comedor formal sin uso y el patio techado se corresponden con el traje y la corbata en el verano porteño; e incluso jujeño! *Ambos nos muestran cómo creemos ser. El quincho y la camisa, en cambio, envuelven lo que realmente somos y sentimos*, en nuestro clima y con nuestra cultura. El tema parece estar centrado entonces, por una parte en nuestra identidad nacional y también en la atracción ancestral que sentimos hacia el mundo natural, al que, de todas maneras, pertenecemos y del que nos alejamos cada día más.

No sé si la cosa tendrá remedio, pero debo terminar este capítulo porque acabo de detectar una manchita, casi imperceptible, en uno de los azulejos que están sobre la mesada del baño. Y no lo puedo soportar...

La muerte del Living-Room

Volvía yo de San Pedro, provincia de Buenos Aires, donde había visitado una vivienda, reformada con un proyecto hecho por mí un año antes. Fué muy bueno compartir el placer de habitarlo con sus propietarios, la familia Benozzi, quienes fueron también los conductores de su obra. Mi sistema "Manual de Instrucciones" se había enriquecido con una experiencia más, y me dirigía hacia Buenos Aires rumiando el placer por los momentos vividos.

En el kilómetro no sé cuantos, un cartel señalaba: *SAN ANDRÉS DE GILES*, 3, subrayado por una flecha. Decidimos entonces con mi hijo Juan, que me acompañaba en la expedición, comprobar la existencia de San Andrés de Giles, pues cada vez creo menos en lo que dicen los carteles. Nos introdujimos entonces, con el auto, en el mediodía del pueblo casi desierto y, al rodear la plaza, capturó nuestra atención una torre nueva de la iglesia, de ladrillo a la vista, cuya forma sugería la posible existencia de una especie de Gaudí local. Dos o tres preguntas y aterrizamos, casi de inmediato, frente a la casa del autor de la torre, el arquitecto Hugo Adesso, quién, en ese momento, había empezado a colocar la carne en la parrilla para almorzar en compañía de su familia,... y de nosotros también, ya que fuimos invitados de inmediato a sentarnos frente a la mesa. Esta estaba ubicada en el centro del terreno, bajo la copa de un laurel que la abarcaba como una enorme sombrilla verde, y fresca.

—"Desde el principio todo giró alrededor del laurel",— nos contaba Adesso explicando el origen de su casa.—; "en realidad compré el terreno porque me enamoré del laurel".

El verdadero living-room de la familia Adesso, en San Andrés de Giles.

Después del almuerzo recorrimos su interesante casa, (apenas 60 metros cuadrados) ubicada al fondo del terreno, con recovecos que sugerían el interior de un barco. Al frente estaba el estudio profesional, y en el medio, el jardín. Pero el centro de todo, el verdadero "living-room" de los Adesso, donde transcurrió aquel agradable almuerzo, era, sin duda, esa mesa bajo la atractiva copa del laurel. "Este es el centro de tu casa!", le comenté a mi colega. Entonces él se agachó y me mostró dos filas de baldosas, diferentes a las demás, que se cruzaban debajo del centro de la mesa. En la intersección había un azulejo con dibujos, tipo andaluz, cuyo centro era, a su vez, un minúsculo rombo azul. "Este es —dijo Adesso señalándolo— el centro del mundo". Y entonces sentí, claramente, que en San Andrés de Giles, y bajo la copa de un laurel, acababa yo de encontrar el centro del mundo.

Después Esteban, un Adesso de 11 años, me acercó sus poemas donde siempre había árboles, veranos, arroyos y días de pesca. Se despertó un diminuto bebé nuevo, y Hugo me dijo que, en realidad, él no se había ido de Buenos Aires, sino que había vuelto. Había vuelto al barrio.

El quincho

La ley de propiedad horizontal causó estragos, no sólo en el habitat específico que generó, sino también en la mentalidad de la gente, que dejó de comprender *el afuera* como una parte importante de la estructuración de la vida. Es notable comprobar que en el fondo de los lotes, y hasta en los countries aparece siempre una pequeña parrillita que poco a poco va creciendo hasta convertirse en quincho, y suele terminar con cocina, heladera, cerámicos y cerramiento de aluminio! ¿Qué ocurrió, en definitiva?. Un renacimiento. Porque renació, de sus cenizas, la ancestral cocina-comedor, donde todos se encuentran más cómodos, incluyendo también a los visitas.

Entre el living del frente (lo que *debería* ser...) y el quincho del fondo (lo que *es*), yace el terreno, nuestra tierra, como una realidad incomprendida.

Más de la mitad de la población argentina vive en clima subtropical o tropical. Buenos Aires, por ejemplo, tiene la misma latitud que Shangai, California, Sudáfrica y las islas Bermudas. Por eso el patio porteño respondía mejor, con el barrio, a nuestro clima, es decir, a nuestra forma de *estar* en un lugar, o, lo que es lo mismo, a nuestra forma de *ser*.

Y como la cultura es el ejercicio profundo de la identidad, no es exagerado aceptar que Hugo Adesso vive en el centro del mundo, porque vive en el centro de su historia personal y social, de su clima y de su placer-de-habitar, que es el centro de sí mismo.

El asunto tiene que ver con la debatida cuestión de la identidad nacional en arquitectura, tan en boga en estos días. Sin embargo, por lo que veo, muchos colegas rastrean este tema más en los aspectos formales de la arquitectura, que en el modo de organizar los espacios vividos.

El living y el "play-room"

El sector más acomodado de nuestra clase media habita, obviamente, casas o departamentos más grandes, y surge entonces el "play-room", que viene a ser como una especie de living más relajado, donde podrían *estar todos juntos haciendo cosas* en lugar de enfrentar la mesa ratona con una copa en la mano, situación que propone el living propiamente dicho. Hay veces en que el play room funciona, pero alguien suele prender el televisor en algún momento, y como es difícil coincidir en el programa a elegir y más todavía soportar el sonido sin la imagen, la mayoría de los habitantes del play-room termina por refugiarse en sus cuartos donde todos se encuentran más cómodos con sus músicos, sus computadoras, sus deberes y sus amigos.

Es difícil para las familias estar todos juntos. Esas familias que muestran los comerciales de la televisión, desayunando al unísono, son tan improbables como las amplias cocinas donde madres piadosas y sonrientes preparan infinitamente postres exquisitos para sus nenes rubios, antes de deleitarse con sus lavarropas irrompibles donde lavan y lavan la ropa de sus maridos que llegan siempre contentos a casa, con traje y portafolio.

Cuando yo vivía con Mónica y con mis hijos, había algo que no funcionaba con respecto al living. Tardé bastante tiempo en descubrir que mi malestar imprecisable se originaba en una escena muy concreta del libro de lectura, que yo tácitamente esperaba que ocurriera y que nunca ocurría: toda la familia reunida frente a la chimenea; el padre (yo) leyendo en un sillón (con pipa), el nene (Juan) acumulando cubos sobre la alfombra (¡en si-len-cio!) la abuela que tejía y una madre (Mónica) que acomodaba una bandeja con té y "scons" hechos por ella, sobre la mesa ratona. Pero siempre faltaba algo... en general, casi todo. ¡Ah... Constancio C. Vigil (*), cuántas falsas expectativas nos creaste...!

Hay otro living quintaesencial, semioculto en la mente de los argentinos, y es el de Mirta Legrand, Zully Moreno y tantos, tantos otros actores nacionales. No por nada sobrevivió estático, a décadas y décadas de cine argentino y ahora se reproduce idéntico (¡!) en la televisión. Mide 8 x 8 más o menos (tamaño casi desconocido en las viviendas reales), pues se puede pasar cómodamente por detrás del sillón de tres cuerpos (siempre verde, de pana) y jamás le falta esa misteriosa escaleritas corta que conduce al enorme dormitorio (se supone...) adonde Irma Roy llora y discute eternamente con Alberto Argybay. ¿Será a causa de esa escalerita corta que los clientes piden siempre un desnivel en el living? Vaya uno a saber.

(*) Editor de libros infantiles.

Antes

Reforma de casa chorizo en el Barrio de Saavedra (Ciudad de Buenos Aires). No existen límites precisos entre los espacios interiores y los espacios exteriores de la casa. La teoría que explica este caso está muy bien desarrollada por el arq. César

Después

Carli, en su libro "8 grados al Sur del Trópico de Capricornio". Proyecto y dirección: Arq. Livingston.

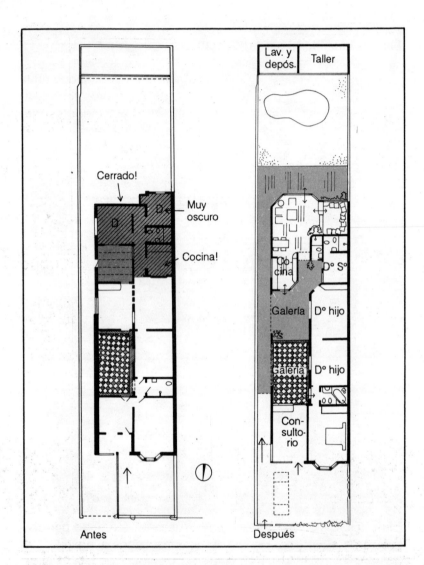

Barrio Saavedra (Buenos Aires). Típica casa chorizo, con fondo, en lote de 8,66. Lo rayado, al fondo, son agregados posteriores: la casa "departamentada" y patios techados. Los nuevos propietarios suponían que debería demolerse el sector agregado, pero la solución final consistió en mantenerlo, derribando paredes interiores. Allí se armó el living, abierto hacia el fondo y hacia el patio central, que fue ampliado. Entrada por el costado. Consultorio al frente.

Livings diseñados por arquitectos

Algunos arquitectos siguen diseñando livings basados en la mesa ratona (hasta en el Chaco, para los indios tobas...!) mientras dibujan dormitorios inamueblables y comedores diarios de 2x2 aislados del exterior, entre azulejos, aún en torres con cuatro caras al sol y con 300 metros cuadrados de superficie cubierta!

Las revistas para arquitectos suelen publicar casas ubicadas en terrenos de 8,66, *de frente*, cuyos livings alcanzan apenas los 3,20 de ancho (nefasta influencia de la propiedad horizontal) para dar lugar a una escalera central que invariablemente debe *acusarse* (qué les hizo la escalera? porqué la acusan siempre...?) en alguna de las fachadas.

Eso sí, el living deberá tener doble altura, porque sino...¿cómo *balconear*? Porque "balconear" dentro de la propia casa, es un extraño y nunca comprobado placer en el que casi todo arquitecto cree ciegamente; aunque lo cierto es que a estos balconeos y a estas escaleras "protagonistas" he debido agradecer, más de una vez, el placer de tener clientes que soliciten mis servicios para hacer más habitables sus casas...

Una conclusión

El living room (cuarto donde se vive) no existe en realidad. Esa función siempre huye para otro lado: el quincho, el play-room o la cocina, la cual, junto con los dormitorios, son, en los hechos, los sitios más habitados de la casa urbana. Pero por desgracia para muchos, los lugares más habitados aún suelen ser los trenes y colectivos hacinados, las veredas ruidosas y las oficinas deshumanizadas.

Ahora hasta los subterráneos tienen altoparlantes y pronto los tendrán las plazas y los parques también... cosa de que nadie se escape. No es mucho lo que podemos hacer los arquitectos al respecto. La crisis del living room es como la crisis del tránsito. Ambas expresan nuestra dificultad creciente para habitar. Para habitar el living, para habitar la ciudad, para habitar el planeta, cada día más contaminado, con menos playas, con menos verde, con menos aire limpio y con menos agua limpia para tomar de los arroyos o para ir a nadar en el verano.

Por eso, quizás, las amas de casa, impulsadas por los comerciantes, limpien tanto el living. Para compensar.

El living-room y yo

Cuando escribo, doy conferencias, o hablo por radio (producto todo ello de mi I.D.C., Incontinencia Docente Congénita), quienes se oponen a mis ideas suelen decir una de estas dos cosas: 1) Si no hablo de mí, ni muestro mi obra, dicen "Claro... es fácil criticar para quién no hace nada" 2) Si muestro mis trabajos o hablo de mí, dicen: "Se pasa el aviso".

No obstante, hablaré de mí, porque como decía Unamuno, soy la persona que tengo más a mano.

Mi living-room actual es también mi estudio unipersonal. Es grande y con una alfombra total, celeste. Aclaro que en realidad soy una especie de solterón, muy interesado en la arquitectura y en el sexo.

Mis dos hijos comparten conmigo a cada rato, sin días fijos, este espacio grande y con el centro vacío, frente al río. Ellos manchan y cortajean a veces mi escritorio (no el tablero, claro!) y jugamos sobre la alfombra. Las ventanas muestran el cielo completo y un pedacito del río, sobre el que casi todos los días veo salir el sol antes de ir a correr.

Las modas pasan... las casas quedan

Dice el arquitecto español Rafael de la Hoz: *La sociedad ha comenzado ya a prescindir de nuestros servicios. Una cuarta parte de los arquitectos que somos en el mundo se encuentra hoy en paro laboral. Proporción de muerte cuyo valor crece alarmantemente a medida que la especie experimenta explosión de natalidad.* Y agrega más adelante: *No es la sociedad la culpable de nuestro genocidio. Somos nosotros quienes estamos cometiendo suicidio colectivo al negarnos de plano a servir a los demás. La mecánica instintiva, irracional para lograrlo: dejar de ser útiles, frivolizarnos.* (*)

Sería muy interesante para mis colegas, en especial para los más jóvenes, hacer un análisis detallado sobre *lo que pasó realmente* con la moda de las bóvedas de ladrillo, los famosos "balconeos", "enfatizaciones" y las más recientes ventanitas en forma de triángulo. En una apretada síntesis diré que corregí ya cuatro casitas, correspondientes a la moda "bóveda de ladrillo", que tuvo su apogeo en la década del 70.

En todos los casos tuve que reemplazar "rajas" (ventanas verticales angostísimas, con vidrio fijo, a veces color... caramelo!!!) por ventanas grandes que permitieran a sus moradores la ventilación y la apreciación visual del paisaje circundante. En dos de estas casitas hice hacer cielorrasos suspendidos en el living, aprovechando para intercalar buena aislación de telgopor y mejorando, de paso, la acústica del lugar, muy mala para escuchar música.

(*) Arq. Rafael de la Hoz, Presidente de la Asociación Mundial de Arquitectos.

Es notable también la cantidad de baños "divididos" (una manía anterior a la de las bóvedas) que unifiqué y a los que les puse ventanas normales, en lugar de los míseros ventanucos que nos dictaron en la Facultad para que los baños "se acusen" en la fachada como tales... ¿Por qué "acusarlos" en lugar de ventilarlos e iluminarlos bien?

Los 8,66 del contrafrente al jardín no deben ser divididos, a mi criterio, por una escalera, a la cual se agrega frecuentemente un toilette, es decir, un inodoro en medio del living, el espacio más privilegiado de la casa.

Las imágenes de esos contrafrentes suelen estar originadas en países de climas fríos y en terrenos sin medianeras, con casas más anchas. Y son transportadas a nuestro clima subtropical sin pensar demasiado; es por eso que siguen construyéndose y publicándose orgullosamente casas sin galería, o con pequeños aleros debajo de los cuales no puede organizarse la reunión familiar y amistosa. *La galería es un espacio esencial en la zona subtropical que comprende, por supuesto, a casi toda la provincia de Buenos Aires.*

Para terminar con mi cuestionamiento a las modas inculcadas en la Facultad, contaré un caso reciente de ventana triangular.

. La clienta se acababa de mudar a su casa nueva, frente al río recién proyectada por un colega, súbdito de Aldo Rossi. Acostada en su cama del dormitorio principal, no alcanzaba a divisar el río a través de la ventana triangular, con antepecho alto, que su arquitecto había diseñado.

Una vez comprobada la total desvinculación entre propietario y profesional (algo imprescindible en estos casos por razones éticas), y durante el interrogatorio, descubrí el motivo de tan penosa visión hacia el río: Esa ventana era idéntica a otra ubicada en la misma fachada, correspondiente a un lavadero, y el arquitecto no quería modificarla "porque se alteraría la simetría". Una simetría que solamente verían los capitanes de barco y Dios, quien, como se sabe, todo lo observa... pero nadie más!!!

Una ventana es, le diría a mi colega, *lo que se vé por ella.*

Arquitectura para los dibujos o arquitectura para vivir

El fin de la arquitectura, como el de toda disciplina universitaria, es la satisfacción profunda de las necesidades de la gente.
¿Y qué casas quieren la mayoría de los clientes?. Desde su perspectiva, *que es también la nuestra cuando soltamos el lápiz*, la arquitectura se relaciona más con el placer de habitar que con la aplicación ciega de principios abstractos. La gente desea que sus viviendas tengan una distribución que permita la reunión y *también el aislamiento* de los miembros de la familia; fachadas que expresen ante los demás y ante sí mismos como son ellos o como creen ser, espacio para contener todas las cosas que usan y las que no usan y aman y que exceden en mucho las escasas posibilidades del "placard"; paredes que no enfaticen nada pero que permitan colgar los cuadros y las fotos que los vinculan con su pasado, ventanas que regulen adecuadamente su relación con el exterior.
La gente, en fin, quiere vivir en casas que se comporten más bien como *cáscaras*, mientras que los arquitectos tienden, muchas veces, a imponerles *edificios-objeto*, convertidos en demostraciones sólidas de determinados principios o en ilustraciones de revistas. Y lo dicho con respecto a las viviendas puede generalizarse en buena medida a los centros de trabajo o enseñanza y a la arquitectura institucional en general.
Veamos sino, para citar solo un ejemplo, la estación terminal de ómnibus de Buenos Aires, larga, gris e incómoda como ninguna en el mundo.
Las enfatizaciones, balconeos, acusaciones, ejes de simetría y otras frivolidades, por lo general copiadas de países lejanos, corresponden más bien a la gramática de la arquitectura y es a ésta, lo que la gramática es a la literatura. Si fuésemos escritores, ¿pensaríamos solamente en adverbios o pretéritos pluscuamperfectos (¿Cuáles eran?) y los convertiríamos en la meta de nuestra obra?.

Para los protagonistas, los verdaderos protagonistas finales de nuestra obra, mal llamados "usuarios", la buena arquitectura es placentera y accesible y la mala arquitectura es fundamentalmente incómoda y aburrida.

Son muchos los colegas en otras ciudades y también en los barrios de Buenos Aires que lo entienden así, pero son muchos también los otros, los que no terminan de entender que la arquitectura es nada más y nada menos que una parte importante del escenario de la vida.

La casa de Tato

A esta altura de mis razonamientos se me podría preguntar cómo haría yo una casa, si tuviera la posibilidad de diseñarla desde el cero, aprovechando la experiencia obtenida en la corrección de defectos de viviendas pre-existentes. Esa oportunidad se me presentó hace pocos años, después de un largo período durante el cual sólo hice reformas. Se trataba de la casa de mi amigo Eduardo (Tato) Pavlovsky conocido psicoanalista, dramaturgo y actor argentino. La familia se compone de su mujer, Susana Evans, también psicóloga, dos hijas adolescentes y un hijo varón, algo menor.

Fué imposible aplicar con Tato mi modelo de interrogatorio, pués jamás se interesó por otra cosa que el tamaño de su consultorio que intentaba representar dando grandes zancadas en mi estudio, durante las escasas entrevistas que pude tener con él sobre el tema. Tampoco se interesaba por la marcha de la obra, a la que no fué casi nunca, a pesar de que allí invertía la totalidad de sus ahorros. La casa tardó 4 años y medio en terminarse, según se iban produciendo los aportes de dinero. Susana intervino un poco más, aunque no mucho.

La confianza que depositaron en el constructor y en mí, fue total.

Las características de la casa final (180m^2), habitada desde hace dos años, son las siguientes:

1) Cocina comedor grande, vinculada al jardín y a la galería. Living ancho, pero no largo porque no tiene mesa de comedor. Cocina con espacios vacíos, sin subdivisiones.
2) Ausencia total de pasillos angostos. La transición de un lugar a otro es fácil, sin "entubarse" nunca.

3) Todos los ambientes luminosos, excepto el toilette en planta baja.
4) Dormitorio de los padres separado de los hijos por pared maciza de 30cm y placard, para que Tato y Susana puedan hacer el amor tranquilos, asunto jamás mencionado por los críticos de arquitectura ni por los arquitectos cuando explican sus obras en las revistas.
5) Futuros cambios previstos: a) Casamiento de hija: tira la pared que separa ambos dormitorios y queda un superambiente con ventilación y luz cruzada b) Venta de la casa o alquiler de un consultorio en otro lado: se convierte el espacio en garage (hay puerta de garage disimulada) o en play room, o negocio a la calle. c) Quinto dormitorio (crecimiento): en la terraza, delante del baño de padres, este ventilaría por el techo.
6) Desde el punto de vista de la subcultura de los arquitectos, esta casa se caracteriza más bién por todo lo que no tiene.

En efecto:

a) No se acusa la escalera en fachada ni en el contrafrente.
b) No se acusan los baños en fachada como tales, pues tienen ventanas normales, amplias y transparentes.
c) No tiene baños divididos.
d) No tiene doble altura sobre el living.
e) Es absolutamente incoherente la fachada principal y el contrafrente. Nadie las verá juntas jamás.
f) No respeta el contexto de la cuadra. Menos mal, a un lado hay un templo adventista hecho con caños prefabricados y al otro una casa moderna que parece una fábrica de soda.
g) La fachada no muestra el más mínimo rastro del post modernismo (detalle verdaderamente original) No es simétrica, no hay columnitas redondas ni entrada con frontispicio

Fachada hacia la calle.

Contrafrente.

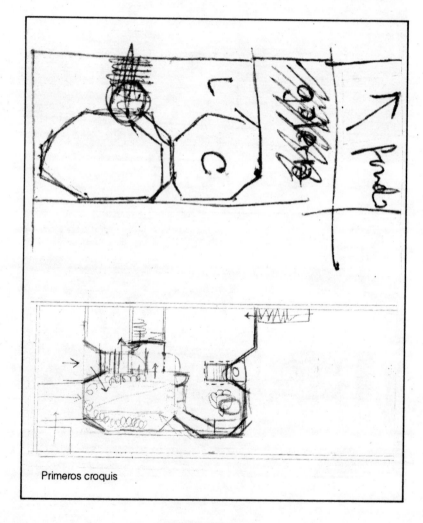

Primeros croquis

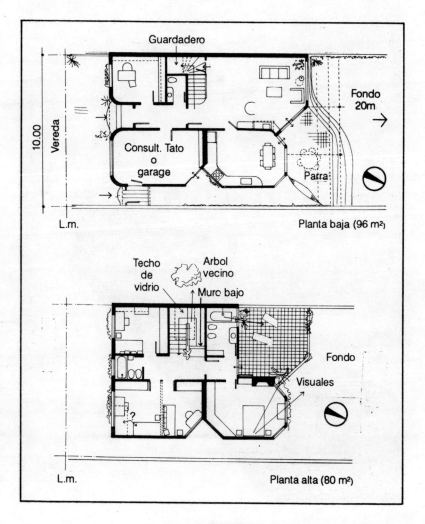

Editorial **106** CP67

tipo griego, ni ventanas triangulares. La fachada es ingenua y refleja lo que la propietaria quizo reflejar. Una fachada es más una supercara del propietario que del arquitecto, a mi juicio.

¿Es buena o mala esta arquitectura? Desde mi punto de vista la arquitectura es buena cuando el arquitecto es bien recibido un año después. Cada vez que voy me dicen que la casa no tiene defectos y que los ayuda a ser felices.

Deduzco entonces que esa arquitectura es buena.

Este año tuve una experiencia adicional. Fui, durante algunos días, el casero. Los propietarios se habían ido de viaje y acepté quedarme a cuidar la casa, disfrutando de la pileta.

Como casero, también me gustó.

El colegio de Juan

Mi hijo cursó la escuela primaria en el colegio más antiguo de Buenos Aires, el José Manuel Estrada de Catedral al Norte, en la calle Reconquista, entre Lavalle y Corrientes, en pleno centro de Buenos Aires.

Me acuerdo del primer día de clase, en marzo del '77, cuando Juan era una cabecita más, asombrada y rígida, peinada cuidadosamente por su madre, e inmutable ante el discurso del Director, en el patio central. El mismo patio en el que presenció, a lo largo de los años, un incesante desfile de banderas que subían y bajaban constantemente de los mástiles (eran dos, uno en la entrada y otro en el patio). Los "actos" se parecían mucho entre sí. Las "fiestas" patrias parecían más bien entierros de banderas. "Llega la bandera de ceremonia... se retira la bandera de ceremonias", recitaban monocordes los altoparlantes, mientras un par de chicos cruzaba en una y otra dirección con los brazos extendidos hacia adelante, sosteniendo la eterna bandera, prolijamente plegada, ante la mirada grave y vacía de la fuerte mayoría de madres que solía rodearme en aquellos momentos, un tanto aburridos para mí.

Un día, allá por los principios de la década del '80, fuí al colegio para retirar un boletín y advertí un tráfico inusual de obreros y materiales de construcción.

—¿Qué están haciendo? —le pregunté al Director.
—Parece que van a poner duchas, quitando parte de lo que ahora es el comedor, -me contestó.
—¿Así que precisan duchas...?
—No... para nada, —me contestó el Director—. Sería imposi-

ble que los chicos se bañaran aquí después de gimnasia. El último turno saldría a las 9 de la noche, o de lo contrario habría que instalar doscientas duchas... lo malo es que nos están quitando espacio en el comedor, que apenas nos alcanza!

—Pero ¿cómo?, y ustedes no les explicaron a los arquitectos sus necesidades verdaderas?, —pregunté ingenuamente.

—Ah no! Ellos ni hablaron con nosotros! Los proyectos vienen hechos desde el Ministerio de Educación, —me respondió— "Y ni siquiera nos los mostraron!"

En esa época yo había empezado a dar mis cursos para arquitectos sobre interpretación del usuario en arquitectura y me costaba aceptar la distancia que advertía entre mis experiencias y la ignorancia olímpica que mostraban mis colegas sobre las expectativas de los destinatarios de las reformas que planeaban en su reducto del Ministerio de Educación. Quizás fue la Facultad de Arquitectura el lugar donde se preparó el terreno mental para que se formaran semejantes arquitectos. Distraídos, por lo general, en la discusión plástica del momento, suelen ser nulos los programas de necesidades reales, planteados por personas reales, que los estudiantes encaran en la Facultad. Las necesidades de los fantasmales clientes, les suelen ser entregadas por los ayudantes, quienes también criticarán las soluciones, desde su órbita especial de arquitectos, tan alejada siempre de los espacios que gozan, o padecen, los habitantes de los edificios.

Reemplazar a un ayudante por un funcionario de un ministerio no parece un salto demasiado grande, en cuanto a la forma de encarar los programas arquitectónicos. Y allí estaba el resultado.

Pero... ¿fué en realidad tan terrible ese edificio?, me pregunto ahora o fué tan sólo el marco justo para los "actos" y las fiestas rutinarias?. Arquitectura —dice Alfredo Moffat— es la organización de espacios para realizar ceremonias. ¿No estaría bien la arquitectura para esas ceremonias, incluyendo en gran medida a la enseñanza misma, por lo general autoritaria y rígida?

¿Y qué opinaban los usuarios, mejor dicho, los "*usuaritos*"?

Le pregunto a Juan por los recuerdos que le trae el edificio de su escuela (ahora está en otro colegio en primer año) y me habla de sus compañeros, de su amada maestra, "la Koller", de Carlos Chardon, otro excelente maestro, de la señorita María Elena y de la señorita Coca, su inolvidable maestra de primer grado.

Me cuenta anécdotas de picardías innumerables, propias y de sus compañeros... Yo insisto en preguntarle sobre el edificio, pero no hay nada que hacer, éste es un simple telón de fondo en su memoria. Y en su memoria los recuerdos son alegres y buenos. Pienso entonces que quizás la arquitectura sea solamente eso, un telón de fondo de la vida. Un telón que adquiere el color de lo que pasa allí. "El espacio soy yo" dijo Gastón Bachelard. Creo que eso fue lo que me quiso decir Juan.

El cliente vivo

Uno de los problemas más importantes que debemos encarar los arquitectos en todo el mundo es la falta de adecuación al usuario de la mayor parte de las obras realizadas.

Al enfrentar la cuestión surge de inmediato el tema de *la enseñanza de la arquitectura*, al cual se refiere Rafael Iglesia en el capítulo "El lápiz gordo contra la reflexión" (La ciudad y sus sitios) de Mario Sabugo). Creo que mi experiencia docente es interesante y puede contribuir a dilucidar la cuestión observándola desde otra perspectiva.

Durante muchos años conduje a mis alumnos a estudiar la realidad en la cual deberían trabajar. Tanto en el Chaco, como en Buenos Aires, La Plata y Perú, íbamos con los alumnos a los barrios, traíamos a los cursos a sociólogos y psicólogos, estudiábamos textos sobre sociología urbana, sacábamos fotografías y grababamos entrevistas. Los estudios previos al proyecto se extendían por semanas y cubrían hojas y hojas. Pero cuando los alumnos proyectaban... *se producía un quiebre* con los estudios previos. No podían interpretar cabalmente en términos de diseño arquitectónico, sus conclusiones sociológicas. Y la clave no era la "falta de oficio" o el "poco manejo del lápiz", porque arquitectos muy experimentados caían, y caen, en el mismo desfasaje.

El experimento de Moffat

Años después empecé a dar cursos de arquitectura para graduados en mi estudio particular. Una de las clases estuvo a cargo de Alfredo Moffat quién, sin anunciármelo, organizó un "ensueño dirigido" que consistía en lo siguiente: los participantes se recostaban cómodamente en la alfombra, con los ojos cerrados. Moffat los inducía a imaginar una casa. Primero debían "verla" desde lejos. ¿Cómo era su aspecto? —preguntaba—; poco a poco se iban acercando, entraban, —¿cómo era la entrada?— recorrían el interior, conducidos en su "viaje" por las espaciadas preguntas de Moffat, quién previamente había aclarado que se trataba de una casa vacía, en alquiler, para evitar que alguien se "enganchara" con recuerdos de la infancia y la experiencia se deslizara hacia el campo del psicoanálisis.

Finalmente todos recibieron la indicación de abrir los ojos y contar, uno por uno, cómo era la casa que habían "visto". Todos habían imaginado casas que les gustaban, casas deseadas.

Cuando se estaban por terminar las descripciones de casas, sentimos todos, un estupor repentino al descubrir que *nadie había imaginado una casa o un ambiente como los que proyectaban en la Facultad, o en los concursos.* Las ventanas no estaban definidas tanto por su forma en la fachada como por la calidad de la luz que dejaban pasar. Había "mucha madera", como suelen pedir los clientes. Había olores (¡sí, Sabugo!). No había fachadas postmodernistas.

Todos acababan de constatar, en sí mismos, un sorprendente divorcio entre el arquitecto y la persona que coexistían en el mismo ser individual. "Ahora comprendo mejor a mis clientes" dijo uno. Otro se acordó de una descripción que hizo a su novia, por carta, de una casa que habitó durante unas vacaciones: jamás hubiera tratado de realzar los valores que mencionaba en la carta si hubiese tenido que proyectar una casa similar, dijo.

Resultó evidente para todos que la experiencia propia, cotidiana, no modificaba la del arquitecto, porque este se mueve dentro de una constelación de modas, escuelas y escuelitas que conforman *la subcultura arquitectónica.* No era de extrañar entonces que tampoco se conecte con el diseño el estudio de culturas diferentes a la propia. No basta con estudiarlas. Cuando dibujan, los arquitectos hacen otra cosa. ¿*Cómo hacer para conectar el diseño con la vida que este debe albergar?*

Otro experimento

El año pasado introduje una modificación en el curso: traje clientes reales. Eran amigos y conocidos que precisaban los servicios de un arquitecto. El grupo atendió a los clientes, bajo mi supervisión, desde el primer contacto, pasando por todos los conflictos típicos ("mi idea versus su idea", "y si no me gusta el anteproyecto?", planteo de honorarios, etc, etc) hasta la terminación de los trabajos.

También había clases sin "clientes vivos" en las cuales analizábamos los proyectos y los conflictos bajo la luz de mi propio esquema teórico y también con los aportes de los enfoques de los alumnos.

Una alumna definió al curso como una "residencia para arquitectos", similar a la que es obligatoria para los médicos, antes de obtener el título habilitante.

El curso se llamó "Entrenamiento para arquitectos" y sus resultados comprobados fueron los mejores que vi en toda mi experiencia docente. Fue entonces cuando tomé conciencia de que lo que hacíamos en la Facultad, —en el mejor de los casos— era estudiar al cliente, a los usuarios, como sujetos pasivos, y después proyectar. *Otra cosa es el cliente participando, el cliente vivo, y otros fueron los resultados.* Allí estaba la respuesta para conectar lo que estaba desconectado. El estudio de la cultura es necesario, *pero no suficiente.*

Bastaría entonces con llevar usuarios a la Facultad? Por supuesto que no. Acaso los mismos alumnos y profesores no son usuarios también? Y ya vemos lo que pasa. Es necesario, además, contar, con métodos, con esquemas teóricos referenciales, que a su vez se enriquezcan con la experiencia.

Estos métodos existen y han producido edificios verificados en el uso, como es el caso de la erradicación de villa 7 (Barrio Justo Suárez), uno de los mejores ejemplos de vivienda popular en Buenos Aires. El grupo SAR, de Holanda, expuso su sistema de participación del usuario y mostró escenas filmadas, en el CAYC (23-4-80)

Por mi parte, he producido un método para interpretar a los usuarios, método que fuí perfeccionando durante 28 años de ejercicio profesional basado en la reflexión constante sobre los centenares de casos en que intervine, cuidadosamente registrados y con seguimiento posterior de muchos. Curiosamente, todos fueron clientes-usuarios. Nunca tuve un cliente-inversor. Hasta cuando construí un barrio (en Cuba), los obreros fueron sus posteriores habitantes y con ellos discutí el proyecto.

Teoría y práctica en la enseñanza de la arquitectura

En los países culturalmente dependientes, como el nuestro, suele entenderse por *teoría*, al estudio de textos extranjeros, cuando en realidad el método científico consiste en la sistematización y posterior verificación, *de la experiencia directa*. Ese y no otro debe ser el núcleo de toda auténtica teoría.

En la Facultad debemos leer, pero también debemos experimentar, confiando en lo que comprobamos, sin esperar a verlo impreso en un libro traducido del inglés, o del italiano.

Es necesario estudiar Historia de la Arquitectura, pero, ¡cuánto mejor entiende un alumno la arquitectura del liberalismo, en Buenos Aires, cuando tiene que adaptar una casa chorizo, construida en 1910, para un matrimonio argentino de 1984!. Son dos concepciones del mismo espacio, para citar solo un ejemplo de la relación, que no tiene porqué ser constante, entre práctica y teoría. La Historia solo interesa desde el presente, para servir a la vida.

En la arquitectura participan obreros, materiales y usuarios.
En la Facultad no se ven obreros, ni materiales ni usuarios.

Solo se estudian dibujos, es decir, símbolos de la realidad. Se cree que actuando sobre los símbolos, se podrá actuar después sobre la realidad; algo muy parecido al rito vudú.

Todas las materias son necesarias (unas más que otras, convengamos) pero lo cierto es que *el egresado sufre un impacto muy violento cuando el ayudante de cátedra, que durante 6 años (o más) se disfrazó de cliente, es substituído de golpe por los clientes de verdad.* Es mucho más duro este impacto que el famoso encontronazo con la mezcla y los ladrillos, porque es mucho más fácil conocer ladrillos y técnicas constructivas, que interpretar personas.

La participación del usuario es necesaria sobre todo durante los primeros y durante los últimos años de la enseñanza, dos períodos clave en que debe acentuarse la conexión con la realidad.

Muchos se resisten porque parece más científico clasificar usuarios en una "grilla" usando palabras difíciles (si son nuevas mejor) que hablar con la familia Ramirez, que vive en Lanús. Pero puede ser al revés. Depende del enfoque.

La participación del usuario es necesaria porque durante la misma se "ponen en foco", todas las teorías, en la acción única de *proyectar para la gente;* destinataria final de todas las teorías, y de todas las ciencias.

El cliente durante la obra

El proyecto terminó satisfactoriamente, luego de haber superado una mínima discusión por alguna evitable ventanita postmodernista, que aparecía en la fachada. Suenan entonces los violines.... y empieza la obra.

Se acaba de iniciar la:

Fase 1

El cliente está contentísimo porque en cada visita que hace a la obra observa cambios impresionantes. Las paredes desapare-

cen de un día para otro, si se trata de una reforma, o la casa crece un piso por semana si es una obra nueva. La velocidad del hormigón armado es realmente asombrosa.
"Quiero decirte que estoy muy contento. Esto va rapidísimo!, *creo que vamos a terminar antes de lo que pensábamos!*", dice, eufórico, nuestro cliente.

Fase 2

Albañilería gruesa y plomería terminadas. Avanzan los revoques. Es entonces cuando se produce la primera, fatídica, *visita del domingo*.
La escena es así: La obra está, por supuesto, vacía, sin obreros. Pudiera suceder que llueva, lo cual empeora todo porque todavía no están terminadas las aislaciones de la cubierta y caen algunas gotas espaciadas sobre el contrapiso de cemento. El cliente abre la puerta y da un paso hacia adelante, en compañía de su mujer y de una amiga "que no es arquitecta ni nada, pero que tiene mucha idea..." Aparece entonces, ante la expectativa de los visitantes, un silencioso panorama cruzado por puntales de madera irregularmente apoyados en las paredes, una ruinosa parodia de mesa ubicada en el centro del ambiente, sobre la cual yacen un pedazo de diario viejo y una botella de Coca-Cola vacía. Una pila de cajas de cerámica tapa gran parte de la visión. En un rincón se acumulan escombros que no alcanzó a llevarse el último container.
Dice entonces el cliente: "*Este es el living. Decime la verdad...¿qué te parece?*".
La respuesta tarda algunos segundos en abrirse paso entre el depresivo desorden, enmarcado por las paredes grises y el olor a humedad:
—*Y... querés que te diga la verdad... a mí me parece un poco chico...! y, además ... ¿no es un poco oscuro?*
Eso no es todo. Los deprimidos visitantes coinciden por unanimidad en otro diagnóstico: "*la obra va lenta*" ("¿no se po-

—"Y este es el living... ¿qué te parece?
—"A mi me parece un poco chico. ¿No se podría haber ganado un metro más hacia el patio?"

El mismo lugar, terminado. Sólo la ambientación terminada permite la comprensión final del espacio.

dría poner más gente?") o el más contundente: "*esta obra está parada*".

Las desalentadoras comprobaciones del domingo se transforman siempre en el llamado del lunes al arquitecto. ¿Cómo explicarle al cliente, mi querido colega, que es casi imposible percibir el tamaño de un ambiente atravesado por palos, sin luces, sin muebles, ni plantas?

¿Cómo convencerlo de que los lugares parecen oscuros por la falta de la reflexión de la luz en paredes sin pintura?

¿Cómo hacerle comprender que la obra parece lenta porque no crece ni cambia espectacularmente como antes, pero que avanza normalmente?

Fase 3

Se mueven por la obra los colocadores de cerámicos y se insinúa ya la presencia de los carpinteros y los pintores. El cliente, el mismo que durante la demolición (o el hormigón) se mostraba tan respetuoso y no intervenía para nada ("lo que vos digas está bien... y no me meto... vos sos el que sabe...") avanza directamente sobre José, el colocador, y le da órdenes. Quizás el pecado original lo cometió José (¿cómo saberlo?) cuando le preguntó un día, como para romper el hielo: "*¿Y, qué le parece? ¿Cómo está quedando? ¿Eh?*". El cliente, que durante esta etapa va todos los días a la obra, *empieza a percibir como superflua la intervención del arquitecto.* ¿Acaso José no se muestra dócil ante sus requerimientos y el pintor no cambia los tonos siguiendo sus sugerencias? Poco después también empieza a percibir como superflua la intervención del constructor y hasta la del capataz.

Una duda lo asalta: ¿Y si hubiera hecho la obra directamente con José, con el pintor y con el carpintero?

En ese momento se olvidó ya por completo de su fascinación por un proyecto que jamás se le hubiera ocurrido a él, de la organización de la obra, de lo que significó haber encontrado un hombre como José, y que, además, llegase en el momento opor-

—"Y este sería nuestro dormitorio, ¿te gusta?"

tuno, etcétera, etcétera, etcétera. Esta crisis alcanza su clímax el día en que nuestro cliente llega a la obra una hora antes que su arquitecto y detecta una fila de cerámicos mal colocados por José: "Vos me pedís que no dé órdenes en la obra —nos dice con aire de suficiencia—, pero si yo no hubiera llegado a tiempo..."

Fase 4

El cliente se mudó a su nueva casa. Hay una canilla que no cierra y además siempre, *siempre,* hay una gotera. O quizá pase agua por la infaltable lucarna. Por si fuera poco, *algunos ambientes no responden a la imagen interna que creció en la mente del cliente durante la etapa de proyecto.* En las revistas de decoración los ambientes parecen tan grandes...!

Fase 5

La gotera fue arreglada. La casa tiene, por fin, plantas, cortinas, alfombras y luces bien ubicadas, sin todo lo cual no existe la ambientación ni la percepción del espacio ambicionado, porque luces, plantas y cuadritos son casi todo. Entonces los amigos felicitan a nuestros clientes. Ellos miran desde el living, que ahora les parece amplio, hacia las plantas del patio... y se sienten felices. ¿Llamarán a su arquitecto para decírselo? Por suerte, muchas veces sí lo hacen, y entonces nosotros somos, también felices.

Conclusión para colegas y clientes

Creo que estas etapas son casi ineludibles, cuando se trata de clientes usuarios. A veces su origen radica en *que el profesional no supo interpretar* cabalmente a su cliente durante la etapa de proyecto. Pero siempre ocurren. Pueden venir con o sin fiebre, con o sin razón, pero *ocurren.* Sus causas profundas son

muy interesantes y escapan a la dimensión de este espacio.
¿Qué se podría hacer para aliviar la cosa?

Colega: entregue usted a su cliente una copia de esta nota al iniciar su próxima obra.

De nada.

Sr. CLIENTE ....

En este momento usted se encuentra en la fase ....

Le pedimos paciencia y comprensión de sus propias sensaciones durante esta etapa y la próxima, que se iniciará en pocas semanas más.
Muchas gracias.

Cupón para enviar al cliente junto con esta nota. Atención del autor.

El cliente ideal

Los arquitectos consideran que una buena relación con su cliente consiste en escuchar atentamente sus necesidades y hacer luego una casa que responda a ellas. En la Facultad suele imaginarse a este cliente abstracto frente su arquitecto, pidiéndole: "satisfaga mis necesidades funcionales y psicológicas en relación con el espacio, de acuerdo con mi presupuesto, aprovechando los materiales de la zona y en armonía con el sitio". A continuación, el cliente pasaría a enumerar esas necesidades, describiendo ambiente por ambiente. Pero ese cliente arquetípico, ideal, no existe.

Los clientes reales

Ningún cliente plantea necesidades "puras" sino que las presentan prolijamente disimuladas dentro de una solución, de un proyecto, rudimentario, pero proyecto al fin. "Yo sé muy bien lo que quiero", dice, y extrae un papel cuadriculado con un dibujito hecho con bolígrafo o empieza a hacerlo delante del arquitecto. Eso sí, nunca está indicada la escalera ("de eso se ocupa usted, arquitecto").

El pedido suele terminar así: "Bueno, después usted le dará forma, un poco de belleza —o tal o cual estilo—, pero esa es mi idea. Yo sé cómo quiero vivir, porque el que vive en la casa soy yo" El arquitecto se fastidia, se crispa levemente ante el papel cuadriculado y en ese momento nace el conflicto básico, o *conflicto madre: mi idea versus su idea*. El desarrollo futuro del conflicto continuará de alguna de las siguientes maneras:

1) Ante la reacción del profesional, el cliente no le encarga el anteproyecto. "Me pareció que no me iba a interpretar", dirá después.
2) Le encarga el anteproyecto, luego se arrepiente y no le paga. En el interin pidió "otras ideas" a otros arquitectos, para confrontar.
3) Encomienda el proyecto y también la obra. En cierto modo fue convencido por el arquitecto y llegaron a una transacción en lo concerniente al proyecto. En este caso el Conflicto Madre resurge durante la obra, estimulado por algún amigo que sugiere cambios coincidentes con la idea inicial del propietario. "¿Por qué me habré dejado convencer?", —piensa el cliente—. "Fui débil". Entonces empiezan los cambios durante la ejecución, con los consiguientes adicionales y abundante irritación en ambas partes, cliente y arquitecto. El resultado será un híbrido y la totalidad de los errores serán atribuidos al cliente por parte del arquitecto, y viceversa.

¿Qué ocurrió?. Se trata del conflicto entre dos propietarios legales: El propietario intelectual del proyecto y el propietario material de la casa. Este conflicto no se dá en otras áreas de la creación como la música, la literatura o la pintura. Es exclusivo de la arquitectura. Sin embargo, ni siquiera se menciona en la Facultad ni en los libros o revistas especializadas. La "memoria" escrita de la obra empieza siempre con una somera descripción de la familia; el oficio del padre, la cantidad de hijos y algún mínimo dato más es todo lo que se informa. ¿Conflictos? Jamás. El proyecto empieza con un arquitecto inspirado frente a su tablero. Lo anterior no existe y su lugar es ocupado por el fantasmal Cliente Ideal citado al comienzo.

La decodificación de la demanda

Debe hacerse lo que el cliente pide? Si lo hiciéramos es muy probable que a la postre éste quedara insatisfecho también, pués el resultado no se corresponderá con sus deseos. "¿Quién entiende a los clientes?" suelen quejarse los arquitectos en reuniones íntimas, y concluyen con una frase que todos hemos escuchado más de una vez: "Lo ideal es trabajar sin clientes" (¡!).

El Conflicto Madre suele complicarse con otro conflicto latente y es el que tiene el arquitecto, como persona, —perteneciente a una clase social parecida a la de su cliente—, *consigo mismo en tanto arquitecto*. Frente al tablero de dibujo el profesional padece de una fractura entre su propia vida, sus gustos cotidianos y el "deber ser" que le propone la subcultura profesional a la que pertenece.

Esto agrava la incomunicación con su cliente pués se suman dos conflictos nunca bien explicitados, el que existe entre dos propietarios y el que resulta de dos valoraciones diferentes del espacio y de las formas. Un perfecto diálogo de sordos.

¿Cómo enfrentar el problema?. Ante todo es necesario poner en claro cuál es la ideología profesional de la cual se parte. Además de cobrar por su trabajo, ¿cuál es el objetivo del arquitecto? ¿Será exclusivamente un propietario intelectual frente al fruto de su creación, como ocurre con un pintor, un músico o un escultor?. Si las reglas del juego están claramente explicitadas por ambas partes, éste es un camino posible y, además correcto, a mi entender. El arq. Justo Solsona, dijo una vez al mostrar sus obras en la Sociedad Central de Arquitectos: "Cuando encontramos la idea que nos satisface, se la presentamos al cliente. Si le gusta, continuamos hasta terminar el proyecto y luego la obra; sino, la relación se termina allí, previo cobro del monto de los gastos incurridos". La coincidencia puede darse o no. Hay clientes que quieren vivir en una obra de tal o cual arquitecto y el pacto es válido porque nadie resulta engañado o decepcionado. Algo así ocurre con el Arq Clorindo Testa. El drama surge cuando se aplica este mismo criterio al planificar un barrio popular de 1000 viviendas o un edificio público, como una estación de ómnibus, por ejemplo. Los destinatarios de la arquitectura llegarán después con sus costumbres, sus expectativas, su sentido del espacio vivido, y pocas veces quedarán satisfechos, pues no solo nunca fueron escuchados, sino a veces ni siquiera imaginados tal cual son.

El método que aplico para la decodificación de la demanda del cliente se corresponde con mi concepto de la profesión: la casa es del cliente porque él la paga y él vivirá allí. Mi trabajo consiste en ayudarlo a interpretar su deseo más profundo en relación con el habitat, ayudarlo a superar todo lo que se interponga ante ese deseo aunque el obstáculo sea su propio proyecto. La arquitectura es para mí, un servicio. La casa es de él y yo ayudo a vivir. La estética, la distribución, los materiales, en fin, todo lo que manejamos los arquitectos debe estar, a mi juicio, dirigido hacia ese fin principal. Como artista, mi placer supremo consiste en responder al desafío de encontrar una respuesta óptima, verificable con la felicidad del cliente al habitar su casa. Me siento creador al encontrar la respuesta oculta dentro de la información no al idear una forma nueva, inédita.

El método

Por alguna misteriosa razón se ha difundido la palabra "metodología" en lugar de método, que quiere decir camino.

Pués bien, mi método consiste en tomar la demanda del cliente en dos entrevistas, no sin antes concertar el pacto de fechas, servicios, y honorarios. Durante la primera de ellas, hago varios ejercicios o juegos:

Primera entrevista
1) Tomo prolijamente *el P.C.* (Proyecto del Cliente), pidiéndole a éste que imagine que el arquitecto es él.
2) *C. F. D.* (Casa Final Deseada) En este ejercicio el cliente debe imaginar que su casa (si se trata de una reforma) no existe y que yo soy un agente inmobiliario que encontrará la casa deseada, ya hecha. Le pido que imagine que su presupuesto es ligeramente mayor que el verdadero.
Esto permite que la imaginación del cliente se despegue de su P.C. y vuele un poco más. A menudo el cliente no se anima a pedir lo que realmente desea, sencillamente porque en su proyecto -que está, como dije, "empastado" con sus deseos- no parece factible. Entonces no lo pide y el arquitecto no lo registra. El P.C. actúa como un corset de la información.
3) *Ejercicio Fiscal.* Sólo debe quejarse de la casa. Lo estimulo y aparecen más y más quejas, sin dejarme arrastrar al esbozo de sus soluciones. A veces el cliente no se queja de determinadas características de su casa porque le resulta obvio que no tienen solución. De este modo se lo obliga a salir de los límites que el mismo se ha impuesto. Lo interesante es que cuando la cantidad de problemas o de deseos aumenta, la solución se acerca.
4) *Más, menos.* Deben responder *con una sola cosa* a la pregunta Qué es lo que más (y luego menos) les gusta de la casa. Primero ella y luego él, en caso de ser un matrimonio o socios, dueños de una empresa. Es notable como deben pensar para hacer esa jerarquización y cómo ésta me sirve después cuando, en soledad, encaro la búsque-

da de la respuesta. La información adquiere relieve y esas crestas, me conducen a las mejores opciones.

Segunda entrevista. Ha transcurrido una semana

Espero al cliente con la primera opción, que es, ni más ni menos que su P.C. mejorado. El propietario se manifiesta encantado al ver su propuesta optimizada y luego escucha, una por una, todas las virtudes de la misma. Luego los inconvenientes, y es allí donde se despierta su interés por conocer otras opciones, que sucesivamente van apareciendo, y son evaluadas confrontándolas con sus expectativas, (C.F.D.)

Ya no es el cliente enfrentando al arquitecto sino frente a sí mismo, a lo que él deseaba de su casa y a su propio proyecto, el cual no suele satisfacer sus verdaderas expectativas, sacadas a luz por el arquitecto. El arquitecto no trata de imponerle "su" proyecto, sino que le presenta otros proyectos. El Conflicto Madre ha perdido toda su fuerza como un balde de agua derramado sobre el patio.

Al ver el despliegue de variantes (E.F., Estudio de Factibilidad) el cliente se acuerda de necesidades que no mencionó antes, porque, además, le muestro lugares, en algunos planos, con signos de interrogación que él mismo se encarga de responder. "—Ahora que veo ese lugarcito... me olvidé de decirle que siempre quise tener un pequeño laboratorio fotográfico!".

Aplicando el método común (el arquitecto entrega el anteproyecto), este planteo de necesidades nuevas por parte del cliente, suele fastidiar al profesional. "Justo ahora se viene a acordar...". Le arruinan "la lámina", que, como en la Facultad, ha terminado por considerar su obra. El mapa empezó a confundirse con el territorio, y esta es otra de las importantes fuentes de error en la arquitectura.

Esta segunda entrevista, sirve para ajustar el P.N. (Programa de Necesidades) y para acercarnos de manera casi definitiva a la idea que servirá de base al proyecto, y que el mismo cliente asumirá como propia y defenderá de todas las objeciones, porque *participó* en su nacimiento.

Cuando explico, en mis cursos con dramatizaciones, (a veces con clientes reales), este proceso, casi siempre me dice algún colega:

"Mi sistema es muy parecido; yo a veces proyecto junto con el cliente en la cocina". Eso me parece un error, es un empastamiento contraproducente. El profesional precisa su tiempo solo, para tomar distancia. Se trata de una participación controlada, dirigida y orientada por el profesional, que debe tener, eso sí, la honestidad de saber escuchar, en la segunda entrevista, a su cliente, dispuesto a aprender algo de su vida que invalide a su proyectito preferido (que siempre existe...).

¿Y la imagen?

Muchos colegas me preguntan: "Todo eso está bién, pero ¿qué hacés cuando te piden una casa estilo inglés, o "rústico español" por ejemplo?

En esos casos la discusión verbal debe ser reemplazada por abundantes imágenes: diapositivas o fotos papel con toda clase de casas, horribles y buenas, en fin, de todo. "Eso me encanta. Eso no, sólo esa parte o esa característica", dice el cliente ante las fotos, y seguramente comprobará entonces que lo que buscaba era calidez y no "estilo inglés". Debido a su falta de conocimientos envolvía su deseo (calidez) dentro del paquete "estilo inglés", del mismo modo que, en lo que a distribución se refiere, envolvía sus deseos con su propio proyecto. Nuevamente nuestro trabajo es la decodificación de la demanda latente. *Esa responsabilidad corresponde al profesional. No puede decir, como lo hacen muchos: "Es que la gente no sabe lo que quiere". Es el profesional quién no sabe interpretar porque nadie lo preparó para ello.*

Lo mismo les ocurre a los médicos. El paciente suele quejarse: "Dr. me patea el hígado" y el médico no le devuelve la patada al órgano supuestamente rebelde, sino que *interroga*, decodifica, persuade y finalmente receta. Y probablemente el hígado resulte inocente. También nuestros clientes son pacientes, porque padecen ese cuerpo más grande, que le sigue al de carne y hueso, que es la casa, cuando se trata de una reforma. Sin embargo se supone que los arquitectos somos más colegas de los pintores y de los escultores que de los médicos y las modistas. Yo pienso lo contrario.

¿Eso es todo?

Fuí perfeccionando este método en forma intuitiva y al aplicarlo compruebo día a día su eficacia; hoy me encuentro en condiciones de teorizar acerca de las razones del éxito del sistema. Varios psicólogos, por lo general clientes también, me han ayudado a entender cuales son esas razones, aunque no deseo extenderme aquí sobre ellas.

El sistema puede parecer complicado o engorroso, pero cada una de estas entrevistas no suele durar más que una hora, o una hora y media a lo sumo, y el proceso total, hasta llegar al proyecto unos 10 días como promedio.

Olvidé mencionar que dentro de la información registrada durante la primera entrevista, figura también una breve historia de las casas anteriores en que habitaron los clientes. El pasado completa la explicación del presente y le otorga un sentido, una raíz, cuyo conocimiento colabora en la comprensión de los deseos.

Creatividad para arquitectos

Ultimamente está de moda el tema creatividad en todas las disciplinas y también en la arquitectura. Si bién no tengo un conocimiento exhaustivo de los cursos, artículos y libros producidos sobre el tema, puedo afirmar que no coincido para nada con su concepción general. Sus autores suelen ser psicólogos o arquitectos con poca o ninguna experiencia profesional. Los temas se refieren a la creatividad "propiamente dicha", aplicada más bién a la forma del objeto, edificio, etc. Nunca figura en estos trabajos la <u>creatividad en la toma de la información, cliente y sitio.</u>

Si bien estos ejercicios pueden llegar a ser indirectamente útiles, como lo fueron para mí los libros de Del Bono ("El Pensamiento Lateral" y otros), falta siempre la conexión con la arquitectura, con la tarea concreta del arquitecto, cuyo trabajo con las formas se derrumba como si se derritiera su base, cuando éstas no se conectan con la vida.

La toma creativa de la información, que no se limita al cliente, no figura en esos ensayos.

Por otra parte, debo decir que el tema de la creatividad aplicado a la arquitectura no está de ningún modo completo con el desarrollo de este capítulo. Falta la visión creativa del *sitio* y *la síntesis final, frente al papel en blanco*, temas estos del mayor interés pero que escapan al alcance de este trabajo.

Me propongo desarrollarlos en un próximo libro, que titularé ambiciosamente, "El Arte de Proyectar en Arquitectura", parodiando al Ing. E. Neufert y provocando, seguramente, las críticas de algunos que me acusarán de soberbio, (quizás por no ser extranjero como aquel).

En ese libro me propongo explicar, paso a paso, todo el proceso del proyecto en arquitectura, basado en mi experiencia y filosofía profesional; desarrollaré también los temas Consulta a domicilio y Manual de Instrucciones.

El método empieza con el análisis de la primera escena que es el sonido del timbre del teléfono, cuando llama el cliente, y al ratito de hablar pregunta: "Bueno, arquitecto, usted *¿qué día tiene libre...?* ¿podría ser el sábado?, entonces lo paso a buscar, porque usted tendría que ver la casa, claro..."

Este sistema lo expliqué en cursos de post grado que dí en los primeros años de la década del 80; hoy se ha enriquecido con abundante experiencia posterior.

Antes de terminar este capítulo deseo insistir en dos cosas:

1) La importancia de compenetrarse por completo del carácter de *juego* durante la primera entrevista, separando nítidamente los ejercicios entre sí. Cuando se empieza cada uno de ellos, cliente y arquitecto *deben sentir que son otros* (inmobiliario, arquitecto el cliente, etc), del mismo modo como hacen los chicos cuando dicen "dale que vos eras..." y se enfurecen y todo, aunque en lo profundo sepan que no son lo que por un rato "creen" ser. Son "entradas" diferentes, separadas, a la información que *no deben interconectarse durante esa entrevista*.

2) La interconexión de las diferentes "entradas" al problema será posterior, y formará parte del acto creativo, en la soledad del arquitecto frente a toda la información (Cliente + Sitio + Recursos).

La importancia de esta primera entrevista (que estrictamente hablando no es la primera, pues la precede el llamado telefónico) es muy grande, pués, como decía Aristóteles, *el principio contiene al final*.

El caso del perroducto

El caso que sigue, una vivienda nueva, terminada y habitada desde principios de 1989, sirve para ilustrar el tema de la decodificación de la demanda y muestra también cómo la estructura espacial de las llamadas "casas chorizos" renace en una vivienda moderna. La inadaptación de aquel modelo de casa a la vida actual, es decir, la dificultad, se transforma en oportunidad, y la transgresión a los modelos convencionales, en virtud. Este punto está desarrollado en el capítulo Arquitectura y Transgresión.

La casa del perroducto. Galería, a la derecha la entrada al consultorio.

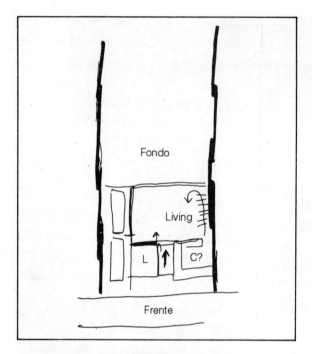

La casa del perroducto. Dibujo del cliente con la cochera en fila para que pase el perro.

El perroducto durante la construcción.

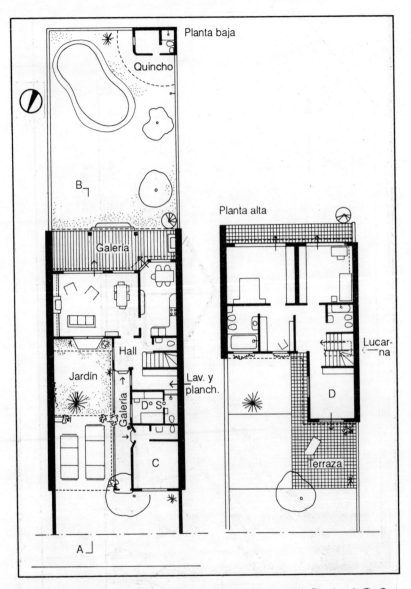

La casa del perroducto. Martínez (Pcia de Buenos Aires). 1989. Propietario Dr. Carlos Bonanno y familia. El esquema espacial se parece al de las casas chorizo reformadas por el autor (ver ilustraciones siguientes).

Casa del perroducto. Corte longitudinal.

El perroducto terminado. Falta instalar la biblioteca en la parte superior, a ambos lados de la chimenea.

Durante la primera entrevista el cliente presentó su proyecto (P.C.) proponiendo una cochera alargada, para dos coches en fila y un living orientado hacia el fondo del terreno, con lo cual se resignaba a la falta de sol durante todo el año, pues la orientación es Sur.

La decodificación de la demanda me permitió descubrir la existencia de un super perro como habitante de la casa. La necesidad de que el perro pasara desde el fondo hacia el frente, sin cruzar por el living, para ir a recibir a su dueño, acosado a la sazón por un eventual asaltante que lo esperara escondido, era lo que explicaba la cochera alargada. Por supuesto que el cliente explicaba su proyecto partiendo de ese modelo de cochera, como algo deseado; es decir, empezaba con la solución al problema oculto, que era el libre paso del perro.

En la segunda entrevista le presenté su proyecto mejorado, pero que arrastraba siempre los mismos déficits: Cinco maniobras para sacar el auto estacionado más al fondo, cochera inuti-

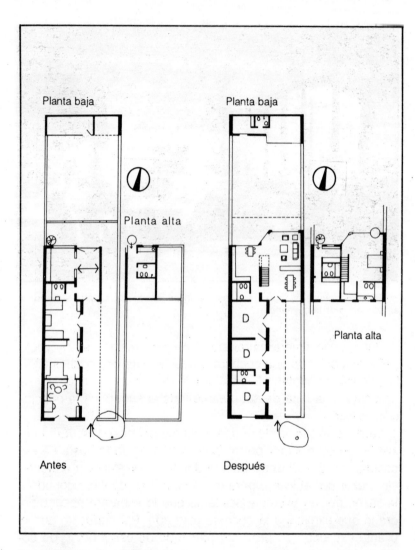

Barrio Villa Luro, Buenos Aires.
Típica casa chorizo, de principios de siglo, en lote de 8,66 con fondo. El único agregado fue un cuarto de servicio y lavadero en planta alta. La reforma del autor (1986) consistió en agrandar el estar vinculado a la cocina-comedor, y hacer una suite para los padres en planta alta. El baño entre los dos primeros dormitorios, es bajo, con entrepiso en la parte superior. El esquema espacial es el mismo que en la casa del perroducto. La fachada no fue modificada en absoluto.

La fachada antes y después de la reforma, permanece igual (Casa de Villa Luro).

Clásica galería de estas casas de principios de siglo. Se mantiene igual. No fue tocada. (Casa de Villa Luro).

Unico cambio: Crecimiento del living hasta la medianera. (Casa de Villa Luro).

lizable cuando no se usa como tal, por ser desproporcionada y obscura, y por fin, un living estrecho y sin sol. El cliente se manifestó satisfecho y resignado "Todo sea por la seguridad que me da el perro frente a los ladrones", decía.

Entre las propuestas restantes (E.F.) que le presenté figuraba la que luego sería el proyecto definitivo: Cochera ancha con doble frente, utilizable para jugar al ping pong u otras actividades, living proporcionado y ... ¡con sol del norte!, al estar orientado hacia dos frentes (ventilación cruzada y mejores vistas, además).

—"Sí arquitecto... la verdad es que está bárbaro, pero se me olvidó del perro...!"

—"El perro pasará por un perroducto que reemplazará al estante más bajo del mueble biblioteca, ubicado sobre la medianera. El living estará elevado 40 centímetros sobre el terreno, lo cual permitirá, además, tener una galería sobreelevada de madera, con baranda, tipo oeste norteamericano. La tapa del perroducto será removible manualmente por si acaso el perro decidiera atrancarse a mitad de camino en protesta por algo."

El doble patio permite, simultáneamente, la óptima solución de la cochera y un living con sol del norte, ventilación y vistas mejores. Eso sí, vuelve a aparecer la galería de la casa chorizo frente al consultorio (ella es psicóloga, como casi todas las mujeres en la Argentina).

La casa fué construida y la visité en varias oportunidades, comprobando la absoluta satisfacción de los dueños (y del perro) con la solución adoptada; no obstante hubo en su momento, críticas de arquitectos amigos de los propietarios y aún del constructor, que se resistían a no hacer una casa compacta, como es habitual. El fantasma del inexistente crudo invierno porteño, cuestionaba la solución de la galería.

No es fácil apartarse de los caminos trillados.

Las reformas: ladrillos, sudor y lágrimas

Hagamos una prueba, en cualquier reunión social: preguntemos si alguno de los presentes ha tenido experiencias con arquitectos en remodelaciones; la respuesta más común: "no me hables..." y a continuación escucharemos la descripción de un verdadero drama familiar y la más desoladora sucesión de errores y pequeñas catástrofes. Hace poco vi una comedia por televisión, protagonizada por Cary Grant, llamada "El señor Blandings construye su casa" donde se describe paso a paso, desde los cimientos hasta el techo, el desarrollo de ese drama, con arquitecto incluido.

En el caso de las reformas la gente teme al arquitecto porque piensa que querrá hacer una gran obra ya que está preparado para eso; querrá modificarlo todo y tendrá ideas "muy locas". Esa es la realidad y su resultado está a la vista: doscientas mil viviendas se reforman todos los años en Buenos Aires y los arquitectos intervienen en menos de cuatro mil (¡el dos por ciento!). El arquitecto es un personaje prácticamente desconocido por el público, una especie de artista caro que, paradójicamente, también suele ser confundido a menudo con el ingeniero.

Por su parte el arquitecto obtiene su título sin haber visto jamás un cliente vivo durante toda su formación universitaria, ni siquiera en una teatralización. El papel de cliente lo desempeña el ayudante quien habla su mismo idioma (balconeos, enfatizaciones, volúmenes que se destacan, etc) conformándose así una suerte de carnaval entre hombres completamente alejado de la práctica profesional concreta. En cuanto a los temas de estudio, el estudiante se acostumbra a fijar en su tablero papeles en blanco porque en la fácultad no se dan reformas como ejercicio de proyecto, salvo alguna excepción reciente. Es así como se van conformando los aspectos complementarios de una perfecta incomunicación entre el arquitecto y el usuario. Y la chispa salta en las reformas porque es el único tema, junto con la vivienda individual, donde el arquitecto se enfrenta en forma directa con el usuario pues la arquitectura institucional y los grandes conjuntos habitacionales se proyectan y se construyen sin que este enfrentamiento se produzca. De hecho un arquitecto puede trabajar durante veinte años sin hablar jamás con un usuario.

Los previsibles imprevistos

En la mayor parte de los casos las obras tardan y cuestan mucho más de lo previsto (por lo general el doble) lo cual provoca el disgusto, y aún la interrupción de las relaciones entre cliente y arquitecto.

Los errores más comunes son los siguientes:

1) *El "ya que estamos" durante el proyecto.* Desde la primera entrevista hasta la última los trabajos programados van aumentando por iniciativa del propietario de tal manera que el límite de lo sensato se corre imperceptiblemente. El arquitecto no sabe manejar este proceso; el monto físico y económico de la obra crece más allá de las posibilidades y conveniencias del cliente quien no toma verdadera conciencia de este hecho. El arquitecto, preparado para hacer obra, no sabe cuando debe evitarla.

2) *El "ya que están" durante la obra.* El propietario empieza a pedir adicionales, estimulado por el costo relativamente bajo de cada uno de ellos. El arquitecto no percibe que el costo del adicional es siempre mayor que el cotizado debido al costo invisible provocado por el retardo y la desorganización que se produce en los trabajos programados.

3) *Reparaciones de cosas existentes*: tanque de agua roto, humedades y filtraciones, cortinas de enrollar deterioradas, etc... El arquitecto no hizo una lista detallada de estas reparaciones porque *no eran la obra*.

4) *Imprevistos técnicos*: conducto o desagüe pluvial que "apareció" justo donde debíamos colocar la nueva ventana, cielorrasos apoyar en tabiques, "sorpresivos" cambios de nivel en los pisos, etc, etc... El arquitecto no fotografió el techo para ubicar conductos y pluviales, no cuenta con detector de metales en su equipo portátil de trabajo ni tampoco midió ni observó correctamente el edificio sobre el cual debía trabajar.

Conclusión:

Los problemas surgidos durante la obra se originaron antes de la obra y pudieron haberse previsto mediante: a) un planteo correcto de las relaciones cliente-arquitecto basado en una interpretación del cliente total y no solamente de sus necesidades explícitas; b) un estudio de factibilidad; c) un correcto estudio del sitio.

Los puntos mencionados conforman en su conjunto *una actitud profunda de respeto y comprensión de lo existente: cliente y sitio*.

¿Por qué no se produce esta actitud, previa a la obra? Porque todo lo que es instrumental en la profesión y aún la concepción central de la misma es inadecuado para encarar una reforma. Sencillamente, no sirve. Es necesario repensarlo todo.

Empecemos por los honorarios. Todo su planteo está basado en lo que yo he denominado *efecto zanahoria*. La primera entrevista no se cobra. El anteproyecto se cobra poco, para "enganchar el proyecto". El proyecto se cobra poco, "para enganchar la obra" y la dirección se cobra poco porque el cliente nos anuncia inminentes nuevos trabajos que nos encargarán vecinos del barrio, socios y amigos que avanzan hacia nuestro estudio a punto de iniciar una cadena laboral que nos conducirá vertiginosamente hacia el estrellato. A cambio de estas promesas solo nos pide que "afilemos el lápiz" con los honorarios en este primer trabajo. Y es así como cruzamos por todas las etapas persiguiendo una engañosa zanahoria que nos impide concentrarnos en cada uno de los pasos de nuestra tarea. ¿Cómo realizar bien un estudio si lo cobramos menos de lo que vale?, ¿cómo disminuir la obra si justamente con ella nos resarciremos del tiempo perdido durante el proyecto?, ¿cómo podemos tener una motivación profunda para reducir el monto de la obra si nuestros honorarios serán un porcentaje de ese monto?. No es acaso lógico el recelo del cliente frente al espíritu destructor que éste suele atribuir a los arquitectos?

No voy a explicar aquí cada uno de los pasos que conforman el método de trabajo que debe aplicarse para encarar las reformas y en general los trabajos chicos en arquitectura. Este método lo he desarrollado sobre la base de la experiencia obtenida en más de seiscientos casos tratados en forma personal y la continua reflexión teórica sobre los mismos. Sin que me lo propusiera los criterios que fui desarrollando me condujeron a un replanteo completo de la práctica profesional y aún de las teorías en que ésta se sustenta. En realidad todo el planteo "oficial" de la arquitectura nació y se desarrolló bajo el signo del movimiento moderno orientado siempre hacia las obras grandes o hacia pequeñas "perlas" aisladas. Se descontó que quien sabía planificar un centro cultural para cinco mil habitantes sabía también encarar una reforma y en realidad no es así.

Pero lo más interesante del desarrollo teórico obtenido a partir de las reformas consiste en sus posibilidades de aplicación al campo general de la arquitectura. Algunas de estas conclusiones coinciden parcialmente con los aportes de Lance Wrigth de Inglaterra, grupo SAR en Holanda, Xavier Sust en España y grupo Site en Nueva York, aunque no necesariamente, estos coincidan entre sí.

¿Quién le teme al maestro mayor de obra?

Los arquitectos se quejan de que los maestros mayores de obra les *quitan* trabajo, refiriéndose, por supuesto, a los trabajos chicos, especialmente a las reformas. Analicemos un caso típico.

Supongamos que el propietario de una vivienda mas bien modesta desea encarar una reforma, y que, como quiere hacer las cosas bien, llama a un arquitecto. Lo más probable es que, una vez que se encuentra frente al profesional, extraiga un planito hecho con birome en papel cuadriculado y le explique, con su mejor buena voluntad, su proyecto; porque en realidad no sabe como se maneja un arquitecto y se dirige a él como si fuese un albañil. El arquitecto entonces comienza a hablar de croquis preliminares, anteproyecto, y continúa con una muy complicada explicación sobre porcentajes escalonados, aplicados a un monto que, como en las películas de misterio, recién se conocerá al final de la obra y que es desglosable, a su vez, en otros porcentajes por "proyecto" y "dirección". El cliente se va demudando progresivamente ante semejante complicación y trata de salvar la cosa con una contrapropuesta: "Mirá...la cuestión es empezar. Lo que yo quiero es una persona que se ocupe de todo". El arquitecto entonces siente la necesidad de *enganchar la obra* de todos modos. Tira por la borda las pautas que le impuso el Consejo Profesional y, sobrevolando como Dios lo ayude la incómoda etapa de las tratativas y del proyecto, se encuentra, pocos días después, contratando obreros y comprando materiales (los he visto salir de un corralón con un doble "T" (viga de hierro) atado sobre el techo del auto).

¿Qué le ocurrió a mi colega? No supo como decodificar la demanda manifiesta de la demanda latente (nadie le habló nunca de eso) y no contaba con propuestas alternativas para responder de manera sencilla, efectiva y ágil, al pedido de auxilio de su cliente. Su invalidez operativa y conceptual ante una situación no prevista, lo condujo a optar entre ser maestro mayor de obra o nada. Y optó por ser constructor, y también empresario.

Fue él, entonces, quien le arrebató su rol al constructor y no al revés. Y como nunca fué preparado para eso, lo más probable es que fracase, contribuyendo así a reforzar, una vez más, el conocido alejamiento entre clientes y arquitectos.

Lo pequeño es invisible:

Pero la causa de tal incomunicación no radica solamente en los inadecuados instrumentos de abordaje al cliente que le impone al arquitecto el Consejo Profesional, sino también en la información de la Facultad de Arquitectura y Urbanismo. Ambas instituciones lo programan —supuestamente— para encarar obras grandes. A partir del segundo año los proyectos crecen y crecen hasta que el último suele ser poco menos que la remodelación de un pedazo de país, o un conjunto para 7.000 habitantes. Pocos días después de haber obtenido su título, el joven arquitecto debe enfrentar a un propietario de carne y hueso que le pide la ampliación de una casita de 70 metros en Burzaco y allí comienza la cadena de errores y frustraciones. El vano intento de aplicar los sistemas aprendidos se parece al intento de descorchar una botella con una grúa. El instrumento es demasiado sofisticado y, por lo tanto, no sirve. Nada sirve. Y la culpa no la tienen los maestros mayores de obra sino el agua donde nadó siempre el arquitecto, es decir, la totalidad de la estructura de la profesión que no cambió para adaptarse a la realidad. Porque es evidentemente erróneo preparar 30.000 arquitectos para hacer hiperconjuntos, sabiendo que el 65% de todo lo construido en el Gran Buenos Aires (*), y posiblemente en el país, son obras pequeñas, informales e "invisibles" que se ejecutan a espaldas de los arquitectos, cuyo asesoramiento, potencialmente valioso, resulta así irracionalmente desperdiciado.

La literatura profesional, compuesta por libros, revistas, secciones especializadas de los diarios y supercríticos mundiales como Glusberg y Zevi, contribuyen a reforzar este error. Conozco arquitectos que hacen trabajos chicos, formados en duros golpes contra la realidad, que se desvalorizan a sí mismos; no obstante, sus obras, sin ser espectaculares, están habitadas por gente contenta y son mucho más representativas de la arquitectura argentina que la Biblioteca Nacional. Sin embargo, el premio mundial de arquitectura regional argentina le fue otorgado a Clorindo Testa por esa obra, no inaugurada, y por lo tanto no probada todavía, y poco representativa, a mi juicio, de la realidad nacional.

No podemos, sin embargo, culpar solamente a las instituciones de la arquitectura por esta inhabilidad para encarar el mundo cotidiano; también los estudiantes sueñan con ser Miguel Angel Roca. ¿Quién no quisiera ser, en el fondo de su corazoncito, un John Wayne de la arquitectura? Digamos la verdad, *¿Quién estudia para aprender a hacer reformas?* ¿De qué se quejan entonces?

Por supuesto que no creo que la Facultad de Arquitectura debiera enseñar solo a encarar clientes chicos, individuales. Pero el último año de la carrera debiera estar dedicado a ellos, para facilitar al estudiante su conexión con la realidad.

El examen final en la máxima academia de cocina del mundo, el Cordon Bleu, en Francia, consiste en hacer un huevo frito.

El conocimiento de lo grande no incluye, necesariamente, el conocimiento de lo pequeño, porque ambos son cualitativamente diferentes.

(*) Dato obtenido en la Ficha C.E.S.C.A. editada por la Sociedad Central de Arquitectos, autora: Patricia Rosenfeld, pág. 6.

El límite no debería pasar por el tercer piso, sino por los roles

En este momento hay varios maestros mayores de obra ejecutando reformas en casas de clientes míos. Yo aporto un Manual de Instrucciones, por el cual cobré un precio global, fijado en la primer consulta, y luego hago visitas aisladas pagas, para asesorar durante la ejecución. Es decir que, lejos de quitarme trabajo, esos técnicos lo obtienen por mi intermedio y trabajan sobre un proyecto completo, plenamente aceptado por el cliente, lo cual facilita su tarea y disminuye, en consecuencia, los costos de las obras. Jamás soy responsable por ninguna humedad, ni por los precios, ni por posibles demoras en la obra.

Si los médicos y las enfermeras, o los médicos clínicos y los cirujanos se llevan bien, ¿por qué no podría ocurrir lo mismo entre arquitectos y constructores?

Es muy cierto que el común de la gente sabe que un maestro mayor de obra puede construir legalmente hasta tres pisos, y deduce, en consecuencia, que los arquitectos sólo son necesarios para obras más grandes.

Yo creo, como la mayoría de mis colegas, que esta legislación debe ser cambiada, porque el maestro mayor de obra no tiene suficiente entrenamiento de proyecto y suele hacer lo que el cliente *pide* y no lo que el cliente *quiere*. Está preparado para *ejecutar*. Somos nosotros quienes deberíamos reservarnos el papel de clínicos. Pero creo también que antes de cambiar la legislación deberíamos discutir y ejercitar nuevos modelos alternativos de ejercicio profesional, porque las leyes, por sí solas, nunca modifican la realidad. El camino suele ser inverso. Una de las fuentes del Derecho es la costumbre.

Sería muy bueno conocer la opinión de otros colegas y también los puntos de vista de clientes y constructores. Las secciones de arquitectura de los diarios y las revistas especializadas deberían dedicar más espacio para discutir estas cuestiones esenciales para el ejercicio de la profesión.

Los porteños y el color

Un consorcio de propiedad horizontal en Buenos Aires es una representación perfecta de nuestra clase media ciudadana. Allí figura el promedio de sus pequeñas envidias, celos, condenas a "los distintos" y toda clase de medianías. Pero si algo identifica a este promedio de los promedios, es EL TEMOR. ¿El temor a qué? El temor A TODO. Por ejemplo, el temor al color, que se presenta cuando llega el momento de pintar los pasillos y el hall de entrada. Las opiniones sobre las distintas posibilidades que ofrece el arco iris son, *invariablemente*, las siguientes:
ROJO: Es muy cansador. AMARILLO: Va a parecer un taxi. NEGRO: ¡Es luto!. AZUL: Es muy frío. MARRON: Va a quedar muy obscuro. BLANCO: ¿Blanco...? ¡Va a parecer un hospital! (En realidad hace tiempo que los hospitales dejaron de ser blancos).
Pero las horas pasan y todos tienen ganas de irse. "¿En qué color quedamos entonces?", pregunta el más "ejecutivo". Todos coinciden en la elección final: Un cremita con algo de gris, no muy amarillo ni muy marrón, un color bien "sufrido" (esta dudosa cualidad tiene gran prestigio). Un color que tiene el maravilloso mérito de ser la representación exacta de todos los prejuicios, de todos los temores de nuestra vapuleada clase media: EL GRIS CONSORCIO.

Otros Casos:

• Los jueces no aceptan firmas con tinta verde, o roja. Negro o azul son los únicos colores permitidos por la Justicia.

• En la Escuela Nacional de Danzas no permiten usar mallas de colores a las alumnas de expresión corporal. El año pasado (1982) éstas presentaron un petitorio explicando la necesidad del color para sus trabajos, el cual fué avalado por Patricia Stokoe, toda una autoridad en la materia. No hubo caso. Las mallas de baile deben ser negras, como la tinta. ¿Pero cómo?, ¿y lo del luto...? ¿Por qué no se aplica en este caso? Porque el ARTE para muchos porteños, es triste, como la MUERTE, LA JUSTICIA, EL DINERO, y las "FIESTAS" patrias, acompañadas siempre por aburridísimos "ACTOS" donde se pronuncian discursos nunca alegres. Con respecto al arte, aparece por lo general envuelto en un clima mortuorio, en nuestro país. Veamos sino la presentación del corto "Los Creadores", en televisión: una vela encendida y una voz de ultratumba, para anunciar cualquier poema, cualquier creación artística.

• Me acuerdo también de Malena Caride, que propuso hacer fichas de colores en una repartición pública donde trabajaba, para facilitar la identificación de los afiliados a cierta Caja de Jubilaciones; sólo aceptaron, finalmente, "un bordecito" de color para cada ficha.

En fin, la consigna tácita parece estar bien resumida en el slogan de Neudstadt: "lo dejamos así". En otras palabras: no innovar.

"En un país como el nuestro, donde la uniformidad es patrón y modelo, lo distinto *cae automáticamente bajo sospecha*". Lo dijo Griselda Gambaro en un interesante artículo publicado en Clarín ("No morir por el chiste", 29-7-83).

Pero no es para desanimarse tampoco. Toda una revolución avanza sobre nuestra temerosa clase media, en materia de color. Acaba de ser aprobado, por la invisible autoridad de la moda, un nuevo color: EL BEIGE. Paredes beige, alfombras beige, spots beige, heladeras beige y lavarropas beige han comenzado a salir de nuestras fábricas. Señores, ha nacido EL BEIGE y está a punto de ser consagrado como el nuevo color-consorcio, de los años 80: EL BEIGE CONSORCIO.

La arquitectura como servicio

Las organizaciones se van modificando continuamente y todos esos cambios tienen su correlato en los sitios donde transcurren sus actividades. El imprentero compra una nueva máquina y duda sobre el lugar donde debería ser colocada; cambia el organigrama de un centro de cómputos y sus directivos vacilan entre mudarse o reformarlo; se suprime una sección en una empresa de personal temporario y, simultáneamente, crece otro de los servicios que presta la empresa, etcétera.

Con el paso de los años los ambientes cambian de destino, se agregan otros, se alquilan depósitos, se techan los patios "ganando" superficie cubierta y se compran edificios vecinos. Cuando se quiere acordar, la empresa, que empezó con un local de 80 metros cuadrados, ocupa 750 ó 1.500, y un día sus dirigentes deben enfrentar el hecho de que la circulación produce malestar y pérdida de eficiencia, que existen espacios desperdiciados y que, paradójicamente, falta lugar.

Sin embargo, cada decisión fue, en su momento, aparentemente sencilla y correcta, pero la suma final de todas las decisiones, dio como resultado el desorden. Se comprueba entonces que *la suma de los aciertos suele dar un error.*

Esto ocurre no solamente en las empresas (chicas, medianas y grandes) sino también en los edificios estatales, como Tribunales, por ejemplo, donde hay secretarios ubicados a 40 metros de sus jueces, un piso que falta, señalización inexistente, etc. Solo los viejos ascensoristas y los presos reincidentes saben orientarse adentro del famoso "palacete", pero un pobre testigo que concurre por primera vez se pierde irremisiblemente...

¿Y los arquitectos?

¿Por qué razón el empresario no trató de evitar estos errores contratando, oportunamente, el servicio de un arquitecto asesor?. Por las razones siguientes: 1) "No vale la pena por una cosa tan simple..." 2) "Va a querer cambiar todo". 3) "¡Quién sabe cuanto nos irá a cobrar... y estamos con la plata justa!". 4) "¡Dejame de arquitectos..! ¡Aquí la cosa es meter mano!".
Los arquitectos, por su parte, están programados para hacer obras, no para evitarlas. Tanto es así, que el arancel de honorarios, que es de aplicación obligatoria, está basado en un porcentaje de lo que se ejecuta. Resulta difícil, en consecuencia, para estos profesionales, imaginar, —y cobrar—, un trabajo intelectual cuyo resultado sea un edificio que, no solamente queda igual por afuera, sino que tal vez quede también igual por adentro, porque consiste en una simple reacomodación de funciones en los ambientes. Es decir, que ni siquiera es un reciclaje, ni tampoco una "decoración". Cuando muestro trabajos de este tipo, en los cursos de post-grado que doy a mis colegas, la pregunta surge siempre, igual a sí misma: "¿*Y cómo cobrás...?*"
Es evidente entonces que, para encarar lúcidamente estos trabajos resulta necesario reformar, no solamente el arancel de honorarios, sino también el planteo completo de una profesión que, tanto desde el punto de vista del público, como de los mismos profesionales, *solo se luce haciendo obras, es decir, mostrando objetos visibles.* Sin embargo, el resultado de un buen diagnóstico, aún sin obra, se traducirá en una mayor eficiencia de la empresa, una mayor economía y un mayor placer de habitar para sus empleados. Aunque la *obra* no se vea.

El método

Lo que sigue es un apretado resumen de la forma en que deben ser encarados estos asesoramientos.

Primer acto: Explicar claramente en qué consiste el servicio que se prestará. Pactar honorarios y tiempos.

Segundo acto: Conocer completamente las características del sitio. Planos. Fotos.

Tercer acto: Empaparse del funcionamiento de la empresa y de sus problemas. Registrar hipótesis de crecimiento máximo ("si las cosas fueran bien"). Registrar el *P.C. (proyecto del cliente)* sin cuestionarlo, y el problema actual.

Cuarto acto: Presentación al cliente de: a) P.C., en limpio y mejorado, con críticas y ventajas. b) Todas las variantes existentes de respuesta, evaluadas y acompañadas de nuevos interrogantes. *El cliente reaccionará entonces desdiciéndose, en parte, de su programa de necesidades inicial y ampliándolo, estimulado por las propuestas del arquitecto,* lo cual es, precisamente, el objetivo de esta presentación; por lo tanto, el profesional no se fastidia porque "le rechazaron el anteproyecto", ya que no presentó un anteproyecto sino un nuevo elemento para pensar juntos, cliente y arquitecto. Esta etapa conducirá con claridad a la solución final óptima.

Tiempo: Desde una sola consulta para el trabajo total (suficiente para reorganizar un ambiente o dos) hasta 3 ó 4 entrevistas en casos más complejos.

Producto final: Un Manual de Instrucciones compuesto por planos, escritos y/o casetes grabados donde se indica ubicación de máquinas, muebles, oficinas, etc, contemplando el crecimiento máximo de la empresa y los pasos sucesivos para que todo pueda ser ejecutado por etapas.

Honorarios: Un honorario total fijo, basado en la estimación de horas de trabajo del arquitecto y completamente independiente de los costos de obras o equipos.

Conclusión

Esta forma de trabajar no cumple, seguramente, con las expectativas del estudiante de arquitectura que se inscribió en la

Facultad con el sueño de hacer grandes obras que todos admiraran al pasar y que fuesen publicadas en las revistas de arquitectura. *Es un servicio* menos "heroico", cuyo mayor mérito radica, quizás, en ser invisible, como el trabajo de los buenos dentistas, y produce, en el profesional que lo lleva a cabo con éxito, el enorme placer de *ayudar a otros a vivir y a trabajar mejor en su hábitat.* Y esta es, en definitiva, la misión que tiene el arquitecto, como universitario, en la sociedad a la cual pertenece. Aunque no siempre, sus obras, sean visibles.

Arquitectura cáscara contra arquitectura objeto

Es sorprendente advertir la diferencia que existe entre las opiniones que se vierten en una reunión de co-propietarios y las que podemos leer en una revista de arquitectura sobre *un mismo edificio*, sea éste una casa de departamentos, la sede de un club social o una estación de ómnibus. La distancia entre ambas perspectivas es tan grande que pareciera que se hablara de cosas diferentes.

Los habitantes son para los arquitectos, y en particular para los críticos de arquitectura, algo parecido a lo que son los civiles para los militares en tiempos de guerra: "hay que defenderlos pero no escucharlos demasiado porque no entienden nada del asunto". Así se expresaron Bruno Zevi y Pierre Vago en el reciente congreso de la CICA. Para ellos el usuario existe sólo cuando se habla de los aspectos funcionales y antropométricos de la arquitectura, *pero la estética es otra cosa*, es algo tan sutil y complicado que solo los críticos con la ayuda de la semántica, la semiótica y la topología pueden manejar. Así oscurecen las aguas para hacer creer que son profundas. Se trata de dividir para entender: la estética por un lado, el uso (¡la vida!) por el otro.

Pero la realidad es menos prolija. Los hechos estéticos referidos a la arquitectura se encuentran indisolublemente ligados a la vida cotidiana. Resulta imposible apreciar la integración plástica que produce el techo de una vivienda cuyo dormitorio balconea sobre el living mientras dura el llanto de un bebé que rebota precisamente desde ese dormitorio hacia el living. El pasajero que corre de un extremo a otro de la estación de ómnibus en busca del baño durante el breve lapso de una parada de diez minutos, no compartiría jamás, si las conociese, las razones plásticas por las cuales el proyectista no lo colocó en medio del andén, donde lo buscó infructuosamente. No existe una experiencia "funcional" o práctica por un lado y una experiencia estética por el otro. El acto perceptivo es complejo pero único. La percepción es un fenómeno integral de la personalidad. Se percibe con la intención, con la memoria y aún con la ideología. La actriz japonesa que se hace operar los ojos para parecer occidental reniega de su aspecto oriental ideológica y estéticamente, en un gesto único.

Un restaurante chino es silencioso (una doble puerta separa invariablemente el interior de la calle); el bajo nivel de sonido permite que ocho personas mantengamos un tema único de conversación alrededor de una mesa redonda, lo cual sería imposible en otros lugares; la luz es cálida, se escucha una música suave y los mozos parecen moverse también de una manera más silenciosa, no es necesario levantar la voz; gradualmente nos invade la calma. Nos gusta estar allí.

Pero... ¿y los materiales?, ¿"se acusa" el hormigón? ¿No serán falsas esas vigas? ¿Y el "lenguaje de la fachada"?

Desde el punto de vista de sus protagonistas, la arquitectura se comporta como un fondo, como una cáscara que permite su relación óptima con el exterior, con el equipamiento, con la luz, el sonido y la gente, mientras que los arquitectos tienden a imponerles "edificios-objeto" convertidos en demostraciones sólidas de determinados principios.

La estética notarial

El usuario no percibe "la arquitectura" sino el espacio que habita, y sobre todo, los significados que va atribuyendo a los lugares en función de la historia de éstos y de su propia historia personal. <u>La caja o "cáscara" construida aparece como un fondo, como una cáscara sobre la cual y gracias a la cual es posible la experiencia de habitar.</u> El juicio del crítico de arquitectura se ejerce en forma inversa: lo principal es la caja y lo demás es apenas un fondo ligeramente considerado o no considerado en absoluto. No es casual que las fachadas cubiertas con enredaderas suelan quedar fuera del campo de la crítica arquitectónica. Zevi desprecia los trabajos del grupo SITE de Nueva York porque se valen de recursos "no arquitectónicos" para cumplir con sus objetivos: autos cubiertos con asfalto, tierra, plantas, trucos visuales. Si Zevi fuese sexólogo defendería la luz apagada y estaría en contra de la música, del alcohol, de todo lo que no fuera estrictamente el sexo. Pero el sexo estricto es sólo química (con algo de física). Lo que importa es lo demás, y lo mismo ocurre con la arquitectura.

¿Cuál es la diferencia entre la caja y lo demás? La establece claramente el Código Civil: la caja es el bien inmueble, todo lo que es fijo, lo que escrituran los escribanos. Por eso llamo estética notarial a todas las posturas teóricas que parten de la concepción central de la caja como ente generador del fenómeno estético.

Desde la perspectiva que defiendo cabe afirmar que *lo más importante de la arquitectura no es la arquitectura* sino lo que ésta permite o impide en término de relaciones entre los hombres y su entorno y entre los hombres entre sí, es decir, en términos de vida. En el centro de esta cuestión está la estética desde el usuario. Es una estética menos prolija, pero más simple y más profunda.

"Aprendiendo de Dársena Norte"

En la península semicircular que forma la Dársena Norte del puerto de Buenos Aires, está ubicado uno de los edificios más interesantes y menos conocidos de la ciudad: el Yacht Club Argentino, hecho por el arquitecto francés Lemonnier en el año 1912. El volumen del edificio está formado por un sector semicircular adosado a un área rectangular techada con dos aguas desiguales desde una de las cuales emerge una torre de forma complicada, coronada por un faro. Sus fachadas exhiben cerca de veinte modelos diferentes de ventanas y por ellas trepa una enredadera que envuelve al edificio casi por completo. ¿Qué opinarían Zevi, Gandelsonas, Pierre Vago y otros tantos críticos del "lenguaje" de este edificio?. Desde su punto de vista se trataría seguramente de un neo-neoclásico, un post-ecléctico; en fin, de una especie de lunfardo de la arquitectura europea en América.

Desde el punto de vista de los socios y visitantes este edificio es una cáscara estupenda que enmarca las cinco maneras más hermosas, más agradables y variadas de conversar con los amigos frente al puerto de Buenos Aires. Para ello las situaciones propuestas por el edificio son las siguientes: 1) en el comedor principal, a medio nivel sobre el terreno, rodeado por altos ventanales a través de los cuales se ve el puerto, el cielo y el río. 2) En la terraza, en el mismo nivel del comedor. 3) Bajo la terraza cubierto por un techo de apenas dos metros de altura. 4) A nivel del terreno, viendo el panorama total (sin baranda) y la gente sobre la terraza, medio nivel más arriba. 5) En el bar ubicado bajo el comedor, de forma circular y escasa altura interior y desde donde apenas se percibe el exterior a través de ventanas circulares (ojos de buey).

El edificio da una respuesta óptima y sintética al sitio y al programa de necesidades: un lugar para comentar la regata viendo el atardecer sobre el río o escondiéndose de él refugiado en un sótano-bar.

El cine Opera, hecho en 1936, es otro ejemplo interesante. La fachada presenta una marquesina inclinada hacia afuera y hacia arriba con el solo propósito de mostrar cuatro enormes molduras redondas, con luz difusa, que de otro modo no se verían desde el exterior. El resto de la fachada se parece mucho a una torta de casamiento. En el hall central pueden apreciarse más de diez tipos de mármoles y materiales diferentes formando grandes figuras. Cuando estamos en la sala ubicados en nuestro asiento

El edificio del Yacht Club, en Dársena Norte. Más de 20 tipos de ventanas y volumetría inusitada. Libertad y orden detrás del aparente caos. Arq. Lemonnier, 1919.

vemos a nuestros costados falsas torres, palcos inaccesibles y escaleras que no conducen a ninguna parte. Pero la sorpresa mayor está en el cielorraso donde gradualmente, mientras se corre el telón, empiezan a titilar... falsas estrellas. En el cine más hermoso de Buenos Aires todo es falso, menos la ilusión. Pero un cine es precisamente eso: el comienzo de una ilusión. Lo principal, lo esencial, está en la pantalla. Así lo comprendió el arquitecto belga Bourdon, autor de este extraordinario ejemplo de arquitectura cáscara.

El cine Opera y el Yacht club son profundamente "funcionales" porque responden a un usuario real que ama y goza el río y el cine. Lemonnier y Bourdon subrayaron con la arquitectura esas dos maneras de gozar lo que no es la arquitectura. Sin embargo, ninguno de estos edificios se estudian en la Universidad ni figuran en los libros.

Pero acaso ¿podría generalizarse el lenguaje formal del Opera o del Yacht club? ¿Cómo serían entonces las calles de la ciudad?. La misma pregunta escuché repetidas veces frente a la obra del grupo SITE expuesta recientemente el el CAYC: "está bien lo de las enredaderas o los autos-esculturas, pero ¿puede generalizarse?". Por supuesto que no puede generalizarse la forma y ello se debe a que no reside en ella el aporte teórico de estos trabajos. Quienes se valen de todas formas, de todos los recursos, nos están diciendo que no es en ellos donde debemos buscar la contribución al campo teórico de la arquitectura sino en el concepto de servicio y también en los caminos utilizados para encontrar la respuesta. Todo vale cuando el fin último es el usuario real. También vale desaconsejar la obra en ciertos casos. La respuesta del arquitecto puede llegar a ser la reestructuración funcional sin tocar siquiera la caja cuya percepción variará no obstante debido justamente a esa reestructuración funcional.

Es interesante muchas veces tratar de entender las concepciones vigentes en nuestra profesión comparándola con otras. Hay cirujanos plásticos cuya mano se reconoce por la forma de la nariz de sus pacientes ("es una nariz de Fulano" suele decirse frente a tal o cual actriz) y hay otros cirujanos cuya obra es irreconocible morfológicamente porque a ellos solo les interesa el mejoramiento del paciente, es decir el servicio y no su obra propiamente dicha, tanto es así que muchas veces desaconsejan la operación aún contra la opinión del paciente.

¿Y la calle?

Los clientes tienen derecho a expresarse a sí mismos con la fachada ya sean éstos personas o instituciones. Pero también la comunidad tiene derecho a verse reflejada en su ciudad. Ambas tendencias son a veces antagónicas pero suele prevalecer la última en aquellas ciudades que han tomado conciencia de sí mismas. La ciudad, las calles, los monumentos y los parques actúan como un espejo que devuelven a la comunidad su propia imagen manteniendo y reforzando la identidad social. De allí la necesidad de preservar zonas enteras de la ciudad (en el caso de Buenos Aires, la avenida de Mayo, ciertos sectores de barrio sur, el Zoológico, la Costanera Sur, etc.), aunque carezcan de valores arquitectónicos propiamente dichos ya que la arquitectura "propiamente dicha" no pasa de ser un invento de los arquitectos. Los lugares se unen a la historia de la gente hasta el punto de confundirse el lugar con los hechos mismos. "Hablar de Buenos Aires es una manera de saber quien soy" dice la letra de un tango(*) que, como tantos, expresa la relación profunda que liga al hombre con su ciudad. Nosotros habitamos en la ciudad pero la ciudad está también dentro nuestro, por eso es *entrañable*, porque vive en nuestras entrañas. Y por eso también *extrañamos* cuando estamos lejos.

Así como el edificio se comporta como una piel dentro de la cual estamos de determinada manera, también en la ciudad, en

(*) Autor: Chico Novarro

sus calles, las fachadas actúan como telones urbanos, como cáscaras gigantes que enmarcan la vida del cuerpo social. En ambos casos la afectividad es lo que cuenta. En ella se encierra el goce. Allí está la estética.

Los arquitectos, los críticos y los profesores somos también usuarios de los espacios pero padecemos de una suerte de esquizofrenia profesional que separa nuestros sentimientos de lo que decimos, teorizamos o dibujamos. El día que logremos juntar nuestros pedazos dispersos nos acercaremos mucho más a nuestros clientes y al fin último de nuestra profesión: contribuír a hacer la vida más dramática, más alegre y menos gris.

ARQ. OBJETO	ARQ. CASCARA
1) Edificios vacíos, recorridos por el crítico	—Edificios inmersos en sonidos, muebles, plantas y gente. Gozados y sufridos por los usuarios.
2) Casi nunca se ve gente en las fotos.	—En las fotos hay gente.
3) Las imágenes predominantes son de afuera hacia adentro.	—Predominan las imágenes desde adentro hacia afuera.
4) Se estudian ejemplos aislados, considerados óptimos.	—Se estudia todo. Lo malo y lo mediocre también enseña.
5) Razonamientos oscuros, complicados y aburridos.	—Razonamientos claros.
6) Predomina la valoración de la caja, referida a pautas abstractas, fijadas previamente por el crítico y no comprensibles por los usuarios: post-modernismo, neoclasicismo, etc.	—En la evaluación se considera lo afectivo desde la perspectiva del usuario. La estética está indisolublemente ligada a lo vital y a lo histórico (personal y social).
7) La exclusión del usuario, o su reducción a términos antropométricos, contribuye a aumentar la distancia actual entre éste y el arquitecto. El arquitecto continúa siendo un personaje muy poco conocido por el público.	—La inclusión del usuario real contribuye a acercar al arquitecto con sus clientes.
8) Esta concepción deja "afuera" trabajos tales como el reciclaje y los casos insólitos no tipificables como el Yacht Club, el cine Opera, el grupo Site, etc.	—Esta concepción permite explicar, y por lo tanto comprender y respaldar, trabajos tales como las reformas, el reciclaje y muchas obras insólitas y no por eso menos positivas.

Zapatero a tus zapatos

Este antiguo lema resucita muy seguido entre nosotros, bajo distintas formas: la "despolitización" de la enseñanza, la "especificidad" de la arquitectura y, últimamente, en una moda que empezó limitando la arquitectura a sus formas plásticas vistas desde afuera y terminó por reducirla al dibujo propiamente dicho.

El aburrido mundo de las axonométricas (*) se extiende por nuestros tableros y por los tableros de los estudiantes. Nos vamos poniendo cada vez más "específicos".

Mientras tanto, la arquitectura real, donde vive la gente, se va empobreciendo día tras día.

Me refiero a los nuevos conjuntos habitacionales y también al espacio público: Palermo, la Costanera Sur, algunas plazas nuevas y muchos edificios que, como la nueva estación de Aerolíneas en Aeroparque, nacen ya con las restricciones puestas: imposibilidad de sentarse a esperar, de despedirse de los que viajan, de ver los aviones; la restricción, en suma, a vivir todo lo que puede llegar a tener de alegre, de triste, de cómodo y de emocionante, un aeropuerto. Y es justamente allí donde radica lo esencial de la arquitectura, en su carácter de propuesta para vivir un momento, un rato, una vida, de determinada manera.

Los tecnócratas y los esteticistas "específicos", que a veces contribuimos a formar, son los diseñadores ideales de un Palermo cada día más asfaltado e iluminado "a giorno", de una costanera sin río, sin pérgolas y sin pasado; de plazas grises con

(*) Se denomina así a un tipo de dibujo en perspectiva sin puntos de fuga que reproduce las proporciones reales del objeto.

El puente sobre Av. Figueroa Alcorta, hasta el año 1977.

El puente hoy. Cruzó todo el gobierno democrático de Alfonsín (1983-89) con la misma prohibición, que hoy (1990) continúa.
El Arq. Silvio Grichner, uno de los autores del proyecto del puente, me comentó que en uno de los dibujos originales aparecían chicos con patinetas.

bancos de cemento, donde todo está prohibido.

Las estadísticas nos informan que el porteño dispone de un promedio de 3,2 m² de parque dentro de la ciudad. Siempre y cuando, —convendría agregar— que disponga también del dinero para poder jugar un partido de fútbol en el KDT (donde antes era gratis) o de los australes (¡que no son pocos!) para alquilar un par de reposeras frente a las piletas azules de Parque Norte (que antes era casi gratis) o del dinero necesario para pagar un buen té en el edificio que construyó la comunidad japonesa en los terrenos de Palermo que antes pertenecían a todos.

Porque, ¿qué son los lugares sino su uso, entendido en su concepción más amplia?

Hubo un puente sobre la Av. Figueroa Alcorta que fué explicado en la memoria descriptiva que acompañaba al proyecto. Hubo "otro" puente en el mismo sitio, que figura en la memoria de mi hijo como una forma blanca deslizándose bajo las ruedas de su patineta, entre un montón de otros pibes que jugaban como él, hace pocos años. Un tercer puente es el que recuerdo yo y otros padres cuando mirábamos a nuestros chicos que se divertían allí. Hoy existe un cuarto puente, por donde cruzan los estudiantes de Derecho. (Un cartel, "PROHIBIDO PATINAR", nos recuerda todavía al puente de los chicos).

Todos son el mismo puente. Como arquitecto supongo que debería interesarme sólo en el primero de los puentes, pero en realidad me interesan los tres últimos. Unicamente desde esta perspectiva puedo entender la estética (que es un *goce* antes que un juicio), la técnica y el arte de construir.

Arquitectura y transgresión

Durante los últimos 50 años, la distribución que, a juicio de la mayoría de las personas, debe tener una vivienda, coincide con el esquema básico de un departamento compacto de propiedad horizontal; esto es, el clásico bañito de 1,50 x 2,10 ubicado entre los dormitorios de 3 x 3, la sectorización por funciones (dormir, estar, servicio) y, de ser posible, la ansiada "doble circulación". Cuando el presupuesto y el terreno lo permiten, se agregan el play room, el garage y la infaltable doble altura sobre el living, esto último en el caso en que intervenga un arquitecto. Los modelos de fachada son infinitos, pero el esquema distributivo permanecerá inalterable.

Cuando se trata de un hiperconjunto de viviendas populares de escasos 60 metros cuadrados cada una, la distribución será la misma: micrococinas separadas de microlavaderos, microbaños y demás ambientes, pero, eso sí, todo dentro del mismo modelo, en este caso reducido por un jíbaro.

Existen sin embargo, en nuestras ciudades, una gran cantidad de casas y departamentos que no se ajustan a estas normas. Son las viviendas heredadas de generaciones anteriores, construidas, en su mayoría, durante las primeras décadas del siglo. Muchas han sido reformadas varias veces; otras, las menos, permanecen casi intactas. La vida de sucesivas familias dejó sus huellas entre los muros: heridas, invasiones de los patios (techados por lo general con una lata verde, plegable), construcciones en las terrazas y cambios de cosmética. Estos cambios expresan los intentos que hace la gente para adaptar esos espacios a la vida moderna *o, mejor dicho, a la idea que se van formando acerca de cómo debería ser una casa que los albergue.*

Uno de los casos más comunes es la casa de barrio llamada "chorizo". Le bajaron los techos, techaron el patio, crearon un pasillo intercomunicando los dormitorios por el interior y pusieron ventanas modernas en la fachada. En una palabra, la "adepartamentaron". La casa fué forzada a entrar dentro del esquema mencionado al principio y quedó más obscura, con algún ambiente patéticamente iluminado por un carcelario tragaluz y largos pasillos opresivos. La conclusión final de los propietarios suele ser: —"Mirá, yo sé lo que te digo, no te metas con reformas, sale más barato hacer una casa nueva". Que es, por otra parte, lo que realmente hicieron pues de la casa original sólo quedó una sola pared... que siempre perturbó la obra.

Dos casos para reflexionar

¿Qué hacer frente a estas casas que se resisten a entrar dentro del esquema fijo, aceptado por todos como el único posible?
La solución consiste en pensar originalmente, es decir desde el origen, cuál es nuestra verdadera forma de vivir. Dejar de lado el como "debería ser" y partir del como somos realmente, sin prejuicios.
Surgen entonces soluciones que suelen reunir las siguientes características:
—Una casa, o departamento, atípica, cuya distribución escandalizará a más de uno.
—Viviendo en ella, se descubre que no siempre lo atípico está equivocado. Hasta es muy posible que se viva mejor allí que en las viviendas convencionales.
—Estas reformas son menos destructivas de lo existente y, en consecuencia, más económicas.

Caso 1

Este tipo de vivienda, muy comun en Argentina, es conocida en el lenguaje inmobiliario como "departamento tipo casa" y forma parte de un conjunto de unidades dispuestas en fila a lo largo de un profundo pasillo. Este pasillo le quita status a la casa, razón por la cual es posible comprar 120 metros cuadrados, con patio y terraza, por el mismo precio de un departamento interior y obscuro de 30 metros, pero eso sí, con "buena entrada".

Ultimamente tengo muchos clientes, por lo general profesionales, periodistas e intelectuales, que se compran este tipo de casita, cuyo costo oscila en los 12.000 dólares; los compradores sólo sacrifican el status... que es precisamente lo que ha dejado de importarles.

¿Cuál fué la transgresión en este caso?: Pasar por la cocina (que en realidad es cocina-comedor), para llegar al dormitorio. —"¿Acaso la cocina no es el centro de la casa?", —dice mi clienta, Silvina Walger, "bueno, por eso está en el centro". Todos comen allí ya que no existe comedor formal, y también ella saca la mesa al patio, donde es frecuente que se reuna con sus amigos.

Hace unos años me encontré con un colega muy famoso veraneando en Buzios (Brasil) con su mujer. Me invitó a la casita antigua que alquilaba y observé con sorpresa que debía cruzar por la cocina para ir a su dormitorio. Y no sólo eso, además tenía que agacharse para pasar por una puertita de 1,50 de altura. Sé positivamente que reprobaría sin vacilar un proyecto como ese, presentado por sus alumnos de la Facultad, pero, sin embargo, ahorraba todo el año para pasar un mes en esa casita. — "¿No te parece mucho mejor que un hotel?", me decía mientras preparaba con placer un enorme pescado en la amplia cocina.

¡Qué bueno sería que los profesionales se hagan amigos de la persona que habita en su mismo envase humano! El siguiente envase, la arquitectura, se liberaría entonces del lastre de los prejuicios. La vida sería algo más fácil y las casas más cómodas.

Volviendo a la casa de Silvina, con esta solución evitamos pasillos innecesarios y logramos una vivienda sencilla y feliz.

Caso 1. Antes: una construcción invadía el patio.

Caso 1. Después: todo lo que se ve era existente. Sólo se agregaron algunas aberturas. El color es teja, con una guarda de baldosas blancas. Pared del fondo blanca, para acentuar la perspectiva.

Caso 1. La cocina comedor fue armada dentro de uno de los ambientes de 4 x 4 metros, típicos de estas casas.

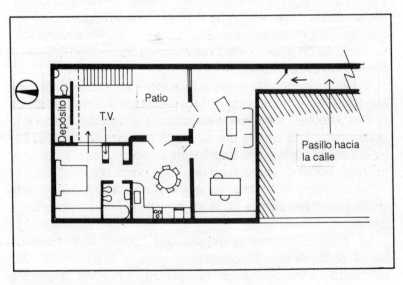

Caso 1. La casita al final del pasillo. La mesa en el gran espacio del estar no es para comer; es el escritorio de la propietaria, que es periodista.

Caso 2

Varios arquitectos amigos de los propietarios habían fracasado en el intento de ayudar al matrimonio de Mariana y Alberto, en Vicente López. Su casita presentaba, entre otros, un déficit bastante curioso: el living tenía 2,20 m de ancho y estaba semibloqueado, además, por una escalera.

¿Cómo se explicaba este despropósito? La casa formaba parte originalmente de otra más grande, que su propietaria dividió en dos, para vender un sector. El antiguo garage se convirtió en living, de allí su ancho.

"El living no tiene solución. Es imposible ensancharlo para cualquiera de los dos lados porque las paredes limitan con los vecinos", decían los propietarios actuales. *El living no fue ensanchado, pero logramos un living más ancho*, de buenas proporciones y orientado hacia el patio del fondo. El secreto estaba en cambiar el destino de los ambientes. El living se convirtió en cocina, cuyo ancho de 2,20 era muy apropiado, incluso para cocinar dos personas. Solo aparecía un "inconveniente": la transgresión que significa nada menos que... ¡ENTRAR A LA CASA POR LA COCINA!

El tema suscitó una primera discusión que fué prontamente superada al reconocer las virtudes evidentes del cambio. La cocina además, tenía las instalaciones obsoletas. Sólo resta convencer a una suegra que se niega a admitir que su hija haya adoptado hábitos tan alejados de la moral y las buenas costumbres, como sería entrar en una casa por la cocina...

Sin embargo la gente suele entrar por la cocina cuando sus casas tienen entrada de servicio, lo cual no parece perturbar a nadie.

La casa tuvo otras modificaciones, como la eliminación de la escalera que bloqueaba la vista al patio y una futura "suite" para padres en la terraza, pero no explicaré aquí el resto del proyecto, porque no hace a lo esencial del tema.

Caso 2. Antes: cocina muy oscura, bloqueada por escalera exterior.

Caso 2. Antes: living muy difícil de armar, y con lugares perdidos.

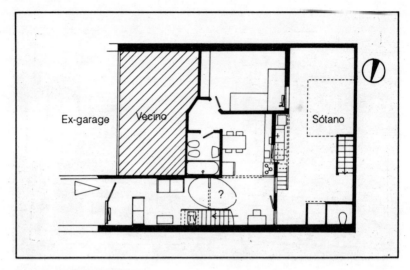

Caso 2. Antes. Diagnóstico:
Living angosto, bloqueado por escalera y desproporcionado. Espacio perdido frente a la escalera. Cocina oscura y bloqueada por escalera exterior. Patio invadido por construcciones.

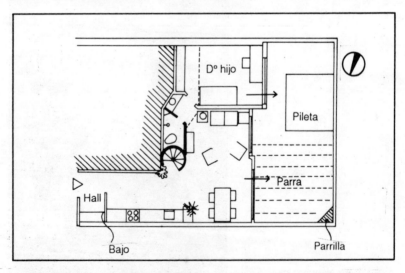

Caso 2. Propuesta: con los escombros se rellenó el sótano inútil, que se convirtió en pileta, a nivel del piso. Buen living, vinculado al patio. Eso sí... se entra por la cocina.

¡Transgresión, bienvenida seas!

Este tipo de irreverencias arquitectónicas tuvieron como objetivo inicial responder a los problemas de inadaptación entre familias y casas. No obstante, al comprobar que los modelos de vivienda resultantes funcionan bién, los prejuicios se derrumban y uno adquiere mayor libertad de pensamiento para encarar los casos siguientes. Siento que algo cambió en mí, aún al proyectar casas nuevas, como consecuencia de la rica experiencia adquirida en reformas.

En otras palabras, creo que una vez perdido el prejuicio, se abren nuevos caminos hacia la libertad y una vez abiertos esos caminos, se puede llegar a otras partes. Y todo gracias a la dificultad, que a menudo no es más que una oportunidad disfrazada.

En el primer caso que presenté, la vivienda resultante no coincide con su forma y usos originales, estrictamente hablando. Es decir, no congela el pasado. Tampoco intenté convertirla en un departamento moderno. Lo que quedó no es ni lo uno ni lo otro, sino una nueva síntesis entre lo que heredamos del pasado y las necesidades del presente.

¿No ocurrirá lo mismo con nuestros paises del tercer mundo, que son el cuarto envase de nuestra vida, después del cuerpo, la casa y la ciudad?. ¿Debemos aferrarnos a nuestra tradición u olvidarla y copiar a los paises del norte? Creo que nuestra salida consistirá en elaborar una nueva síntesis, posiblemente también transgresora y demoledora de prejuicios. Demasiado mal nos fue a los argentinos al creernos franceses primero, ingleses más tarde y luego norteamericanos, o alemanes federales, si incluimos a la economía de mercado en que recientemente fuimos embarcados.

Ni nuestro propio clima hemos comprendido, o, lo que es lo mismo, no hemos comprendido como vivimos, ni quienes somos. Porque el clima es algo más que la temperatura. Es el modo de instalarnos en el espacio, son las costumbres, es decir, la esencia misma de la arquitectura. Por eso me parecen tan valiosas las notas que publica mi colega, el arq. Mario Pozzo en esta revista, Casa Nueva, sobre la adaptación de la arquitectura al lugar. El sitio, la gente, y por fin, los recursos (que también forman parte del sitio) constituyen el núcleo central de la arquitectura.

Debajo de la transgresión subyace la libertad. La libertad de animarnos a perder el temor. El temor a ser diferentes. El temor al qué dirán. El temor a violar normas muertas. El temor a criticar sanamente, como lo hace Mario Pozzo, las obras de nuestros colegas y aún la propia. Sólo de este modo nuestra profesión progresará más allá de los estrechos límites de la subcultura profesional y lograremos así que la gente se sienta comprendida y ayudada por los arquitectos.

Porque ayudar a vivir es, en síntesis, la tarea central de un universitario en la sociedad. Y la tarea anterior, es ser libre.

¡A Baracoa me voy, aunque no haya carretera!

Relato de una experiencia de participación del usuario, en la arquitectura.

En los nombres de las ciudades de Cuba, las vocales abundan y se combinan excepcionalmente, como para ser pronunciadas por la voz grave y musical de Nicolás Guillén. La Habana, Camagüey, Santiago de Cuba, Playa Girón, son palabras para paladear despacio, como quien muerde alguno de los dulces frutos de la isla.

Recién llegado a La Habana, escuchaba con deleite los nombres de lugares que barajaba Modesto Campos, mi reciente jefe cubano, como destinos posibles para mí en el interior de la isla —ya que no deseaba quedarme en la capital— y, entre todos ellos, Baracoa me atrajo más que ninguno; cuando supe que se trataba de un pequeño pueblito de madera, el más alejado de todos y adonde nadie quería ir, mi decisión estuvo tomada. Poco después fui enviado para allá en un DC3 lechero, que paraba cada 25 kilómetros, mientras sonaba insistentemente en mis oídos la canción cuyo título encabeza este capítulo.

Pegado a la bahía azul de Baracoa me esperaba, recostado entre las montañas y el mar, el barrio Turey, un conjunto de 124 viviendas individuales, cuya construcción recién comenzaba. Se trataba de la erradicación de una antigua villa miseria, Barrio Colón, que se extendía sobre el otro extremo de la playa y estaba habitada por los mismos obreros que construían sus casas en el barrio Turey. El Estado cubano los proveía de planos, materiales, asistencia técnica y de un pequeño salario.

Aquel 6 de junio de 1961 había comenzado yo, sin saberlo, un curso de participación del usuario en la arquitectura. Un curso del cual sería yo mismo el profesor y también el alumno, junto con ciento veinticuatro obreros cubanos y sus familias. El mejor curso que jamás seguí.

Los "cucuruchos"

El sistema constructivo consistía en un prefabricado liviano de bloques de cemento, enhebrados, como barajas, entre columnas separadas entre sí 1,04 m, y dispuestas de tal manera que formaban siempre módulos cuadrados de 3,12 x 3,12 m. Todo salía como pan caliente... menos los techos, de forma plana, cuyos encofrados de madera eran armados con inusual perfección (y lentitud) por carpinteros expertos en barcos. Pronto me di cuenta de que el cuello de botella de esa obra serían los techos, y una simple regla de tres me indicó que, a ese paso, la obra demoraría cuatro años en lugar del año y medio previsto. Me puse entonces a inventar un techo prefabricado de forma piramidal, que era el modelo estático y estético que me sugerían los módulos cuadrados de la planta.

El primer techo se haría sobre un molde de tierra y sobre el mismo se fundirían los primeros seis, los que, a su vez, servirían de molde a los demás, y así sucesivamente. Además de acelerar la obra, el sistema permitiría ahorrar madera, cuyo uso estaba restringido en la isla con el fin de revertir las secuelas de la devastación de bosques heredada de los gobiernos anteriores.

Pero quedaban varios problemas prácticos por resolver, como el tipo de junta entre techos para evitar que se lloviera (como ocurría, según había constatado, en casi todos los prefabricados livianos que se utilizaban en la isla por aquel entonces, como las piezas en "U", en "V", etcétera). Y, ¿cómo izar los techos? ¿Cómo hacer para que no se pegaran entre sí durante el fraguado? (el aceite escaseaba).

1961: el primer techo prefabricado, en pleno vuelo. A la izquierda el autor.

Un grupo de mujeres se había especializado en hacer las armaduras, sobre un techo usado como molde.

O, ¿cómo calcularlo?, ya que nadie contestaba mis cartas en las oficinas técnicas de La Habana. Por otra parte, mi experiencia constructiva era muy escasa y, además... *los obreros-propietarios estaban decididamente en contra del nuevo techo*, al que pronto bautizaron con el nombre de "cucuruchos", en alusión a la forma de los helados.

Empecé a reunirme con ellos por las noches, en un cobertizo habilitado en la villa con ese fin, pero parecían no entender mis razones. Hay que tener en cuenta también que la campaña de alfabetización recién comenzaba y en su mayoría eran muy ignorantes. Además, yo era para ellos *muy* extranjero, al punto de que solían hablarme vocalizando cuidadosamente... para que entendiera el castellano.

Pasaba mis días (y las noches..) obsesionado por el techo. No había tiempo para parar la obra y pensar, ni colegas o ingenieros en 300 kilómetros a la redonda. La modificación del techo arrastraba, como es de suponer, otras modificaciones (instalación eléctrica, desagües, etcétera) que yo debía resolver también sobre la marcha.

Me convertí entonces en un "hombre-esponja". Preguntaba y preguntaba a cuanto ingenioso tenía a mano, cómo soldar las tuercas en los vértices para izar el techo, cómo hacer la viga perimetral de apoyo, en fin, todo. Pero, fundamentalmente, organizaba reuniones cada vez más sistemáticas con mis clientes-obreros, a pesar de ser estos opositores al techo, para tratar este y otros temas relacionados con el proyecto, la construcción y otros asuntos de interés común.

Las reuniones

Iban llegando en grupos —negros en su mayoría—, hombres y mujeres muy limpios, con sus camisas almidonadas, los dientes muy blancos y, a veces, con sombreritos de paja para ir a bailar a la plaza después de la reunión. Al principio seguían lar-

1961: después de techar la primer casita, los obreros-propietarios suben para comprobar su resistencia. Más alto, a la izq., el autor.

1987: un grupo de casitas, entre la vegetación.

gos silencios a las explicaciones de "el argentino" —como me llamaban—, que intentaba defender racionalmente a "los cucuruchos" frente a un pizarrón.

Todos insistían, pese a todo, en el techo plano y recién varios meses después supe la verdadera causa de su oposición, que era distinta a la que expresaban. Hoy sé distinguir entre demanda manifiesta y demanda latente (lo que el cliente dice, o *pide*, y lo que el cliente *quiere*), pero entonces me costó mucho entenderlo. El techo piramidal era rechazado, en realidad, porque les recordaba la forma del bohío (rancho), todo un símbolo de la pobreza y del atraso del cual estaban saliendo. El techo plano era tradicionalmente símbolo de una mejor situación económica y social. Y yo —el extranjero— era para ellos, un agente de cambio hacia un pasado al que no querían volver; era el que había interrumpido la producción, ya iniciada, de los ambicionados techos planos en el barrio.

No obstante la oposición de mis clientes, yo les exponía, junto con las soluciones, mis problemas no resueltos, y extraía, estimulaba, y contraponía, las ideas de todos que, interactuando, formaban algo así como un gran cerebro colectivo que fue solucionando uno a uno los obstáculos finales: el aceite para que no se pegaran los techos sería el de camión, usado, "que se bota por ahí"; los ganchos para izar serían de cabilla (hierro redondo) y se cubrirían con mezcla pobre para no marcar el techo siguiente; la junta sería abierta, sobre una viga canal, etcétera.

Por fin logré que me permitieran construir una casa piloto, con el nuevo techo. Para ese entonces las paredes estaban todas levantadas. Con una grúa techamos la primera casa, colocándole sus cinco "sombreros". Todos hicieron fila para entrar y después se subieron a los techos para ver si resistían. En ese mismo momento convoqué a una asamblea y se aprobó la construcción de sesenta casas con el sistema de los "cucuruchos", las cuales llegaron a techarse en 20 minutos cada una. El resto de las casitas lo techamos utilizando unos moldes metálicos planos que se habían usado en la construcción de los

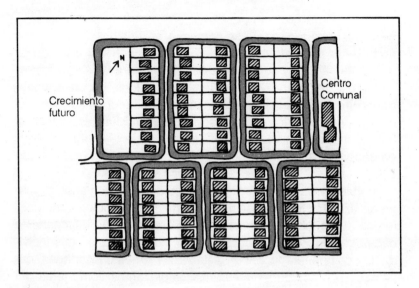

Planta de conjunto.

1987: El autor con uno de los tantos grupos que se iban formando para darle la bienvenida.

siete puentes que, para ese entonces, ya unían Baracoa con el resto de la isla; mis colaboradores los encontraron abandonados en el camino y se nos ocurrió usarlos para continuar con la economía de tiempo y de madera, e introducir, de paso, variedad entre las siluetas de las casas. Y dije "techamos", porque desde un principio me impuse trabajar media jornada en el hormigonado, una vez por semana. En aquella época no estaba entrenado físicamente como ahora y no resistía una jornada completa.

También organicé y participé en los cortes voluntarios de caña de azúcar y en la cosecha del café, y dicté dos cursos nocturnos de capacitación para obreros que deseaban ascender a capataces, todo con la colaboración muy valiosa de mis inolvidables compañeros Sabino Castañeda y Ernesto Rodríguez, capataces por aquel entonces, mis remplazantes como jefes del área cuando me fui, y hoy dirigentes de máxima responsabilidad en la provincia.

¿Cuáles fueron mis técnicas para instrumentar la participación?, me preguntaron muchas veces mis colegas, cuando les contaba esta experiencia durante mis cursos, en Buenos Aires. A veintiocho años de distancia pienso hoy que, si bien es cierto que fui descubriendo métodos que actualmente aplico con mis clientes en forma más organizada y sistemática, estos no hubieran servido de nada sin mi vocación profunda por resolver los problemas *de la gente* antes que las cuestiones *de la arquitectura*. La forma y el diseño fueron solo una consecuencia de este enfoque. Era —y sigo siéndolo— todo lo contrario al modelo de arquitecto que usa la forma para expresarse él, o para discutir con sus colegas.

¿Cómo convencí a la gente? *Con-vencer, es vencer juntos* al error, a la ignorancia o al prejuicio. Y vencimos juntos porque estábamos literalmente juntos y juntos también tras un objetivo común, y no opuesto, como suele ocurrir entre los intereses del inversor y los del usuario, o los del arquitecto-especialista, encerrado en su propia subcultura, y quien ansía un hogar para vivir.

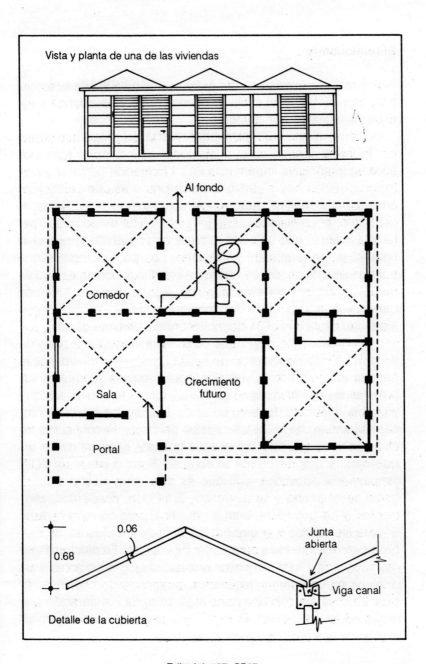

El reencuentro

Por razones familiares y de enfermedad (una súbita hepatitis) tuve que adelantar mi vuelta a Buenos Aires y no alcancé a ver el barrio terminado y habitado. Recién este año (1987) tomé conciencia del precio que pagué por la forma abrupta en que interrumpí aquellos días (casi dos años en total), cuya importancia en mi formación personal y profesional recién hoy alcanzo a vislumbrar. Pasaron veinticinco años sin que supiera *nada* de mis compañeros de entonces, ni del barrio, ni de Baracoa. Fue un corte brutal de aquella experiencia intensa, que no pudo rematar en el ansiado y necesario final: el barrio terminado y habitado. Los pocos cubanos que ocasionalmente conocí en Buenos Aires nunca habían estado en Baracoa, que es para ellos, aún hoy, algo así como la Antártida para nosotros. ¿No habrá sido todo una idealización mía?, llegué a pensar; hasta que el 31 de diciembre de 1986 me decidí a volver. "¡A Baracoa me voy!", dije como la primera vez, a poco de llegar a La Habana rodeado de turistas, y algunos días después entraba al barrio con Ernesto Rodríguez, bajo la sombra de árboles altos que entonces no existían, y recorrí filas de casas que yo había quebrado de tanto en tanto. Las casitas celestes y rosas asomaban detrás de los jardines del frente. Reconocí mis techitos, por los que no pasó el agua (máxima enemiga de los arquitectos) y que resistieron al huracán Flora, a pesar de estar simplemente apoyados y, lo que es más, pero mucho más, la gente se acercaba y se acercaba. Eran cien, doscientos, seiscientos, y fue una fiesta. Eran los mismos, pero con otra mirada. Entré a las casitas y vi que habían quitado los bloques de muchas paredes interiores para hacer bibliotecas. En muchas familias había dos y hasta tres hijos profesionales o estudiantes, cardiólogos en La Habana, ingenieros, profesores de educación física. La casa era solo una parte más de su total integración a la nueva sociedad cubana. El éxito de la arquitectura era también el éxito de una sociedad justa e integrada.

Sé que parece un final de Hollywood, pero fue así no más. Quizá los cubanos hicieron real a Hollywood. Sé también que esas casitas no añaden mucho a la historia de las formas, ni serán premiadas por jurados internacionales... porque solo se trata de placer. El placer de seiscientos clientes que llovió de golpe sobre un arquitecto que esperó un cuarto de siglo para recibirlo. Para mí la arquitectura nunca podría llegar a ser más que eso. Y ya nunca más podré aspirar a un premio mejor.